ANNEGRET PUTTKAMMER

Ich lass dich nicht allein

ANNEGRET PUTTKAMMER

Ich lass dich nicht allein

Würde bis zum Schluss
auch ohne assistierten Suizid

 neukirchener

Für Wilhelm und Sophie

Sollten Sie Selbstmordgedanken haben, suchen Sie sich Hilfe!
Per Telefon 0800 / 111 0 111, 0800 / 111 0 222 oder 116 123 oder auf
www.telefonseelsorge.de

Wir übernehmen keine Haftung für die Inhalte von Links zu Webseiten Dritter,
da wir uns diese nicht zu eigen machen, sondern lediglich auf deren Stand zum
Zeitpunkt der Erstveröffentlichung verweisen.

Bibliografische Information der Deutschen Nationalbibliothek:
Die Deutsche Nationalbibliothek verzeichnet diese Publikation in der
Deutschen Nationalbibliografie; detaillierte bibliografische Daten sind im
Internet über http://dnb.d-nb.de abrufbar.

© 2023 Neukirchener Verlagsgesellschaft mbH, Neukirchen-Vluyn
Alle Rechte vorbehalten
Umschlaggestaltung: Jens Vogelsang, Aachen,
unter Verwendung eines Bildes © Blinx (shutterstock.com)
Lektorat: Anna Böck
DTP: Burkhard Lieverkus
Gesamtherstellung: Drukarnia Dimograf Sp. z o.o., Bielsko-Biała
Printed in Poland
ISBN 978-3-7615-6897-2 Print
ISBN 978-3-7615-6898-9 E-Book

www.neukirchener-verlage.de

Inhalt

Literatur

Aktuelle Informationen und Verweise auf weiterführende Literatur finden Sie hier:

- „Ich bin ein Gast auf Erden", Orientierungshilfe zum Umgang mit Sterbewünschen, suizidalen Gedanken und Wünschen nach Suizidassistenz. Für Begleitende, Beratende, Versorgende, Leitende in Diensten und Einrichtungen der Diakonie, herausgegeben von der Diakonie Deutschland, Berlin 2022.
- Leben. Selbstbestimmung und Lebensschutz: Ambivalenzen im Umgang mit der Beihilfe zur Selbsttötung, herausgegeben von Jutta Ataei, Carmen Berger-Zell und Astrid Giebel, Esslingen 2022.
- Streitsache Assistierter Suizid. Perspektiven christlichen Handelns, herausgegeben von Kristina Kühnbaum-Schmidt, Leipzig, 2022.

Vorwort

Von Peter Dabrock und Stefanie Schardien

Menschen müssen sterben. Nach dem Wie gefragt, sagen viele entweder ‚friedlich‘ oder ‚selbstbestimmt‘. Was aber meint ‚selbstbestimmtes Sterben‘? Für die gesellschaftliche Antwort auf diese Frage war der 6. Juli 2023 ein ganz wichtiger Tag. Gegen Mittag hatte der Bundestag drei entscheidende Weichenstellungen vorgenommen. Zum einen hat er das in Deutschland seit Jahren schlummernde Thema überhaupt wieder auf die politische Agenda gehoben. Wir erinnern uns: 2015 hatte der Bundestag mit großer Mehrheit die so genannte geschäftsmäßige Sterbehilfe – darunter war nicht ein gewerbsmäßige, sondern ein organisiertes und auf Wiederholung angelegtes Tun verstanden – unter Strafe gestellt. 2020 hatte in einem spektakulären Urteil das Bundeserverfassungsgericht diese Norm gekippt und dem Gesetzgeber enge Grenzen für mögliche Neuregulierung gesetzt. Es sei ein „Recht auf selbstbestimmtes Sterben" anzuerkennen, das die „Freiheit einschließe, sich das Leben zu nehmen" und dabei „auf Hilfe Dritter zurückzugreifen". Dabei müsse der „Zugang zu freiwillig bereit gestellter Suizidhilfe auch real eröffnet" bleiben. Diese

Entscheidung zum Suizid sei als „Akt autonomer Selbstbestimmung von Staat und Gesellschaft zu respektieren", was nicht ausschließe, dass unter Wahrung dieses Grundrechtes der Staat ein „legislatives Schutzkonzept" entwickle (BVerfG, Urteil des Zweiten Senats vom 26. Februar 2020 –2 BvR 2347/15 -, Rn. 1-343). Viel ist über dieses Urteil geschrieben und nachgedacht worden. Es hat die bis dato lebensschutzsensible Tradition der Auslegung von Menschenwürde und Selbstbestimmung verändert. Es hat – selbst bei denen, die 2015 für eine liberalere Gesetzgebung votiert hatten – für Erstaunen und Irritation gesorgt. Dazu hat nicht zuletzt die übertreibende Formulierung „autonome Selbstbestimmung" beigetragen. Sie hat bei Vielen, die Menschen im Sterben begleiten, für Kopfschütteln gesorgt. Denn im Sterben wie im Leben wollen die meisten zwar selbstbestimmt sein, aber diese Selbstbestimmung richtet sich nicht nur an sich selbst aus („autonom"), sondern versteht sich aus den Beziehungen zu den Menschen, die einem wichtig sind. Von dieser beziehungsorientierten Selbstbestimmung spürt man in diesem kühl wirkenden Urteil wenig.

Wie immer man zu dem Urteil stand – wir fanden es wegen seiner Deutung des Suizids als Siegel „autonomer Selbstbestimmung" und wegen seiner vielen Auflagen, die es jedem künftigen Gesetzgebungsverfahren mit auf den Weg gab, als hochproblematisch –, es musste umgesetzt werden. Und nach einer gewissen Schockstarre machten sich viele an die Aufgabe, ihren Teil zur weiteren Gestaltung des gesellschaftlich und menschlich so sensiblen wie schwierigen Themenfeldes ‚Suizidassistenz' beizutragen. Ganz wichtig war sicherlich die Entscheidung des Deutschen Ärztetages von 2021, die Suizidassistenz weiterhin zwar nicht als ärztliche Aufgabe zu verstehen, aber das bis dato gültige, in der Musterberufsordnung verankerte, standesrechtliche Verbot aufzuheben. Damit gewannen Ärztinnen und Ärzte vor allem in einer persönlichen Arzt-Patienten-Beziehung wieder Grauzonen zurück, die in Ausnahmefällen möglich sein müssen – zumal wir keinerlei Indizien haben, dass solche Grauzonen systematisch ausgenutzt worden wären. Das Gegenteil ist der Fall.

Auch in den Verbänden und Organisationen der freien Wohlfahrtspflege blieb man nicht tatenlos. Für die christlichen und evangelischen Institutionen stellten sich schwierige Fragen: Dürfen evangelische Einrichtungen Suizidbeihilfe ermöglichen oder ist es ein moralisches Gebot, sie zu verbieten? Welchen Preis wäre man bereit, dafür zu zahlen? Sich etwa aus der gesamten Wohlfahrtsarbeit zurückzuziehen? Das sicher nicht! Also muss man mit dem Urteil, sofern an der staatlich gerahmten Wohlfahrtsproduktion festhalten will, leben. Aber wie kann man theologisch, seelsorglich und diakonisch das klare Signal senden, dass das Recht auf Selbstbestimmung zu achten ist, aber auch so ausbuchstabiert wird, dass Lebensschutzfreundlichkeit, Beziehungswunsch und Verletzlichkeit im Leben wie im Sterben prägend bleiben?

Darüber gab es nach dem Urteil des Verfassungsgerichtes intensive, strittige, aber doch auch von wechselseitigem Respekt und von der Bereitschaft, auch bei unterschiedlichen Positionen aufeinander hören zu wollen, geprägte Debatten in Kirche, Theologie und Diakonie. Selbst wo man sich eingestanden hatte, dass man in der Umsetzung unterschiedliche Akzente setzen will, gab es eine breite Übereinstimmung, nämlich in den Punkten: Suizid darf nie ein Normalfall des Sterbens werden. Niemandem darf der Eindruck vermittelt werden, sich fragen zu müssen: „Warum bin ich noch da?" Lebensschutzfreundlichkeit und Selbstbestimmung müssen Hand in Hand gehen. Und doch lassen wir niemanden, der an seinem Wunsch festhält, durch eigene Hand zu sterben, in seiner Situation allein.

Dies gilt auch für die An- und Zugehörigen wie die professionell in Kirche und Diakonie Tätigen. Wir begleiten seelsorglich bis zum Ende – bis zu jedem Ende.

All diese Initiativen in Ärzteschaft und Wohlfahrtspflege fanden seit 2020 statt. In einem rechtsfreien, ungeregelten Raum leben wir in Deutschland nicht, wie manche behaupten. Denn das Bundesverfassungsgericht hatte uns in die Situation vor 2015 versetzt. Die Ärzteschaft hatte das wichtige Standesrecht verantwortungsethisch präzisiert. Dennoch hatten viele das Urteil des höchsten deutschen Gerichts so gelesen, als ob unbedingt eine neue Regelung gefunden werden müsste. Die Abgeordneten taten sich allerdings schwer damit. Immerhin brachten sie nach langen und zähen Debatten zwei Entwürfe zur Abstimmung:

- Der eine setzte im Strafrecht an und sandte somit das Signal: Suizidhilfe – zumindest die geschäftsmäßige – ist weiterhin – zumindest moralisch – problematisch. So nachvollziehbar diese moralische Einstellung ist, sie trägt den zu respektierenden Vorgaben des Verfassungsgerichtes nicht Rechnung. Wenn das Gericht die Suizidhilfe grundrechtlich so verankert wie es das getan hat, sollte man bei der rechtlichen Regelung dieses „Grundrechtes" nicht im Strafrecht ansetzen.

- Der andere Gesetzentwurf dagegen vertrat mit gewissen Sicherungs- und Beratungskonzepten einen allzu liberalen Ansatz – nahe an dem heroisierenden Verständnis von Suizid aus Ausdruck „autonomer Selbstbestimmung" und mit geringer Lebensschutzfreundlichkeit – und er kannte ein aus unserer Sicht unverantwortliches Behördenverfahren, bei dem man ohne allzu große Schwierigkeiten an die tödlichen Medikamente herankommen konnte. Diese gesetzgeberische Sorglosigkeit war geradezu fahrlässig.

14

So verwunderte es nicht, sondern konnte nur begrüßt werden – und dies war die zweite Entscheidung der Abgeordneten des Deutschen Bundestages in dieser Frage am 6. Juli 2023 –, dass keiner der beiden ins Parlament eingebrachten Gesetzentwürfe eine erforderliche Mehrheit fand. Es muss also in Fragen der Rahmung der Suizidbeihilfe verantwortlich weitergedacht werden. Für alles Weitere hat der Bundestag mit beeindruckender Mehrheit – und dies war dann die dritte Entscheidung des Tages – sich, der Bundesregierung, aber auch als Signal an die Landesparlamente und -regierungen, die Richtung vorgegeben: Bevor wir in Deutschland umfangreiche Prozeduren, Beratungsstellen und Behörden für Suizidbeihilfe institutionalisieren, müssen wir die Suizidprävention wie auch die Aufgaben des Alterns in Würde, die Palliativ- wie die Hospizarbeit ausbauen. Hilfe beim Sterben muss unsere erste gesellschaftliche Aufgabe sein. In deren Klammer können dann auch Wege der Hilfe zum Sterben – als verantwortliche Gestaltung der Ausnahme – gesucht und gegangen werden.

Dazu muss der Bundestag der Gesellschaft viel mehr Zeit geben, als er es bei den beiden gescheiterten Gesetzentwürfen getan hat. Diese geisterten zwar durch die öffentlichen Debatten und Medien, waren aber vom gesetzgeberischen Organ, dem Bundestag, erst am Tag vor der Abstimmung online gestellt worden. Angesichts der existentiellen wie gesellschaftlichen Bedeutung des Themas war dies ein Unding. Selbstverständlich müssen die konkreten Gesetzentwürfe ausführlich in der Zivilgesellschaft diskutiert werden. Das muss beim nächsten Mal – wenn es ein nächstes Mal gibt – besser werden.

In jedem Fall bleibt der Fragekomplex „Hilfe beim Sterben – Hilfe zum Sterben" drängend: für Einzelne in ihrer eigenen Situation, als An- und Zugehörige, als vielleicht im Feld Tätige, als Kirche, als Gesellschaft. Das vorliegende Buch von Annegret Puttkammer ist ein wertvoller Beitrag, in einer großen diakonischen Einrichtung diese Fragen anzusprechen und im Glauben wie in der Wohlfahrtspraxis verantwortlich zu gestalten. Es kann weit über den evangelischen Kontext hinaus dazu anregen, Sterben als Teil des Lebens zu begreifen und sich dieser ohne Zweifel schweren Situation gestärkter und getrösteter zu stellen: „Lehre uns bedenken, dass wir sterben müssen, auf dass wir klug werden." (Psalm 90,12).

Dr. Stefanie Schardien,
Pfarrerin und Sprecherin
beim Wort zum Sonntag

Prof. Dr. Peter Dabrock,
Systematische Theologie mit
Schwerpunkt Ethik und
bis 2020 Vorsitzender des
Deutschen Ethikrats

Wo wir stehen

1 Risiken und Nebenwirkungen

„Zu Risiken und Nebenwirkungen lesen Sie die Packungsbeilage." In jeder Medikamentenpackung liegt ein eng bedruckter Zettel mit der Aufforderung, ihn sorgfältig zu lesen. Das gilt selbst bei gut verträglichen, bewährten Arzneimitteln. Erst recht sind die Risiken und die Nebenwirkungen sorgsam zu bedenken, wenn es um einen so schwerwiegenden Schritt geht wie die Beihilfe zur Selbsttötung!

Dieses Buch ist eine Art Packungsbeilage zu den „Risiken und Nebenwirkungen" der Suizidassistenz. Unterstützte Selbsttötung soll verlockend, schmerzfrei und selbstbestimmt sein, ein scheinbar heilsamer Weg. Aber jede Art von Selbsttötung hat Nebenwirkungen – die sind durchaus erheblich! Leider werden sie in der öffentlichen Diskussion viel zu wenig wahrgenommen oder manchmal sogar bemüht kleingeredet. Es ist aber unerlässlich zu wissen, was *gegen* den assistierten Suizid spricht. Denn er ist *keine gute* Lösung. Und erst recht nicht die *beste* Lösung. Hilfe bei einer Selbsttötung ist *eine* Lösung, aber bei weitem nicht die einzige für einen schmerzfreien Tod, und in jedem Fall eine, die andere, schwierige Folgen nach sich zieht und deutliche Schattenseiten hat.

Anders als die Packungsbeilagen in Medikamentenschachteln soll dieses Buch gut lesbar sein! Drei Fremdwörter kommen jedoch regelmäßig vor. Sie sind bei der Thematik leider unumgänglich: „assistiert"[1], „Suizid"[2] und „palliativ"[3]. Auf alle anderen wurde verzichtet, oder sie werden erläutert.

Und anders als in normalen Packungsbeilagen finden Sie hier auch Hinweise auf weitere Mittel und Wege. Wie können wir in Würde sterben, schmerzfrei und selbstbestimmt, ohne auf assistierten Suizid zurückgreifen zu müssen? Würdig zu sterben, ist zum Glück auf viele andere Weisen möglich. Leider wird oft so getan, als wäre das gar nicht denkbar. Und so ist im englischsprachigen Raum der Begriff „Dying with dignity", also „mit Würde sterben" mittlerweile eine feststehende Bezeichnung für begleiteten Suizid geworden.[4] Das ist eine wirkliche Engführung und bindet „Würde" an eine bestimmte Handlung. Schlagworte sind zwar manchmal hilfreich, aber wir sollten ihnen nicht zu schnell Glauben schenken.

Ich schreibe dieses Buch nicht aus der Sicht einer Todkranken, sondern aus der Sicht einer, die in einem großen diakonischen Unternehmen Verantwortung trägt für Todkranke, für Altgewordene, für Menschen mit Behinderungen, für Jugendliche mit schlimmsten Missbrauchserfahrungen und für junge Mütter und Väter, für Kinder mit Lernschwierigkeiten und für die

---

1   „Assistiert" stammt vom lateinischen „assistere": „zur Hand gehen".
2   Das Fremdwort Suizid ist zusammengesetzt aus den lateinischen Begriffen „sui "= „selbst" und „caedere" = „töten, morden".
3   Palliativ stammt vom lateinischen „pallium" ab und bedeutet „Mantel". Palliative Medizin „umhüllt" einen Kranken, um seine Erkrankung erträglicher zu machen und Symptome wie Übelkeit und Schmerz zu verringern.
4   Dies ist auch der Name des größten kanadischen Suizidhilfevereins, www.dyingwithdignity.ca (zuletzt abgerufen: 10.7.2023).

rund 2.400 Mitarbeitenden, die mit ihnen leben oder sie beraten. Ich bin evangelische Theologin und war bisher als Gemeindepfarrerin, Krankenhausseelsorgerin und in kirchenleitender Aufgabe tätig. Seit 2020 bin ich Direktorin im Neukirchener Erziehungsverein[5] und damit, gemeinsam mit dem kaufmännischen Direktor, für alle wichtigen Unternehmensentscheidungen hauptverantwortlich. Hier wäre ich letztlich auch diejenige, die die Dienst- und Arbeitsanweisungen unterschreiben müsste, wenn wir in unseren Einrichtungen aktiv Beihilfe zur Selbsttötung anbieten wollten. Ich schaue also von der Praxis auf diese Fragen – andere tun dies aus dem Blickwinkel von Wissenschaft, Politik oder Justiz. Gemeinsam mit denen, die mit mir im Neukirchener Erziehungsverein Leitungsverantwortung tragen, muss ich nicht nur bedenken, was die Ermöglichung des assistieren Suizids bedeuten *könnte*, sondern auch, was sie wirklich bedeutet: für diejenigen, die bei uns und mit uns leben, und für diejenigen, die bei uns arbeiten.

Ich bin zudem eine Tochter altwerdender Eltern. Beide sind Jahrgang 1936. Wie möchte ich sie begleiten in der letzten Lebensphase, und was wollen die beiden? Auch diesen persönlichen Blickwinkel bringe ich mit.

Ich greife das Thema „assistierter Suizid" und die neue Gesetzeslage aus der Sicht einer Begleiterin auf, die um Beihilfe zur Selbsttötung gebeten werden könnte, und aus Sicht einer, die andere damit beauftragen müsste. Und ich schaue aus dem Blickwinkel einer Gemeinschaft, die durch solche Anfragen schwierige Entscheidungen fällen muss. Denn ganz gleich, wie

---

5 Mehr über den Neukirchener Erziehungsverein unter www.neukirchener.de (zuletzt abgerufen: 10.7.2023).

wir uns entscheiden: Wir werden nicht allen Menschen gerecht werden. Wenn wir uns nicht an Suizidassistenz beteiligen wollen, schränken wir die vermeintliche Selbstbestimmung eines Menschen ein. Wenn wir entscheiden, dass wir bei der Selbsttötung helfen, hat dies unweigerlich vielerlei schwerwiegende Auswirkungen für die Menschen, die bei uns leben und die bei uns arbeiten.

Das ist ein echtes Dilemma! Das Wesen eines Dilemmas ist, dass Antworten nie eindeutig nur „Ja" oder nur „Nein" lauten können. So ist das mit vielen wichtigen Entscheidungen im Leben. Sie sind meist nicht eindeutig, und es gäbe immer auch gute Gründe, sich anders zu entscheiden. Aber: Am Ende müssen wir zu einer klaren und auch verlässlichen Haltung finden, zu einem „Ja" oder „Nein". Dazu müssen wir die verschiedenen Sichtweisen gut wahrnehmen und abwägen. Und dann sehen wir, wohin sich die Waage neigt.

Nach einem gemeinschaftlichen Abstimmungsprozess neigt sich die Waage bei uns im Neukirchener Erziehungsverein klar zum „Nein – wir werden nicht selbst aktiv. Wir leisten keine Suizidbeihilfe". Es ist eine wohl begründete Haltung, die in allen unseren Arbeitsfeldern mitgetragen und auch eingefordert wird. „*Sterbe*hilfe" werden wir weiterhin leisten, also Menschen begleiten, bis der natürliche Tod eintritt. Aber für „*Suizid*beihilfe" stehen wir nicht bereit.[6] Wir wollen niemanden aktiv bei einer Selbsttötung unterstützen.

---

6   Die beiden Begriffe bezeichnen zwei völlig unterschiedliche Aufgaben und dürfen nicht verwechselt werden.

Im Frühjahr 2021 hatte die Diakonie Deutschland, der Dachverband aller kirchlich-diakonischen Einrichtungen, eine bundesweite Diskussion zum assistierten Suizid in Kirche und Diakonie organisiert. Zehn sogenannte „Diakonische Kamingespräche zum assistierten Suizid"[7] fanden digital statt. In ihnen kamen die vielen unterschiedlichen Sichtweisen auf das Thema zu Wort.

Diese Idee haben wir bei uns aufgegriffen und im Frühjahr 2022 mit unseren Mitarbeitenden unsere eigenen „Neukirchener Kamingespräche" geführt. Wir haben dabei ohne Öffentlichkeit[8], in einem geschützten Raum ausführlich, intensiv und sehr emotional über Sterbehilfe und Suizidbeihilfe gesprochen. Kolleginnen[9] aus der Seniorenhilfe und dem Hospizverein beschrieben ihre Erfahrungen mit Sterbewunsch und -hilfe in Pflegeeinrichtungen. Aus der stationären Jugendhilfe hörten wir, wie dort auf Selbstmordversuche reagiert wird und wie Kinder und Jugendliche davor geschützt werden können, gegen sich selbst gewalttätig zu werden. In den Einrichtungen für Menschen mit Behinderungen ist „Assistenz" eine wichtige Aufgabe; aber auch sie hat Grenzen, wie uns Mitarbeitende

---

7   Alle „Diakonischen Kamingespräche" wurden aufgezeichnet und können angesehen werden unter www.diakonie-wissen.de/web/grp/ assistierter-suizid (zuletzt abgerufen: 10.7.2023).

8   Deshalb können sie, anders als die Kamingespräche der Diakonie Deutschland, nicht im Internet nachträglich verfolgt werden.

9   Eine kurze Anmerkung zum Gebrauch der weiblichen und männlichen Form: Um einer guten Lesbarkeit willen, werden die Formen in der Regel abwechselnd verwendet. An manchen Stellen erfordert der Kontext aber die Nennung beider Geschlechter oder eine umschreibende Form.

aus der Eingliederungshilfe schilderten.[10] Immer wieder wurde deutlich, wie stark die Thematik „Suizidbeihilfe" alle Mitarbeitenden bewegt, wie sie um tragfähige Lösungen ringen und dass sie es sich nicht einfach machen.

Letztlich waren wir in der überwältigenden Mehrheit darin einig: Wir wollen alle, die bei uns des Lebens müde werden, liebevoll und zugewandt begleiten. Aber bei der Hilfe zu einer Selbsttötung müssen wir eine Grenze ziehen. Bei unserem letzten „Kamingespräch" äußerten sich Vorstand und Aufsichtsratsvorsitzender. Wir fassten zusammen, was wir in den vorangegangenen Diskussionsrunden gehört hatten. Und wir gaben den Mitarbeitenden die verlässliche Zusage, dass sie im Neukirchener Erziehungsverein nicht aktiv an Suizidbeihilfe beteiligt werden. Eine eigene Ethikkommission arbeitet weiter, und die Seelsorge in unseren Einrichtungen wurde verstärkt. Für diese wichtige Aufgabe nehmen wir auch Geld in die Hand und erweitern unseren Stellenplan um mehr Seelsorgekompetenz.

An den Erträgen dieser Gespräche und anderer Diskussionsrunden möchte Ihnen dieses Buch Anteil geben. Ich richte mich an Menschen, die – ähnlich wie wir – um Suizidbeihilfe gebeten werden könnten und die sich im Vorfeld oder im Zusammenhang einer solchen Bitte damit befassen wollen. Ob sie selbst Angehörige sind oder in einer Pflegeeinrichtung mitarbeiten, ob sie sich im Besuchskreis einer Kirchengemeinde engagieren oder bisher wenig mit dem Thema zu tun hatten:

---

10 Da zum Neukirchener Erziehungsverein keine ausgewiesene Psychiatrie gehört, ist dieser Bereich bei unseren Kamingesprächen nicht vertreten und kann daher auch in diesem erfahrungsbezogenen Buch nicht ausführlich behandelt werden.

Es ist gut, innerlich vorbereitet zu sein, schon bevor die Anfrage tatsächlich kommt: „Wie stehst du zur Suizidbeihilfe, und würdest du daran mitwirken?" Je nachdem, in welchen Bereichen jemand sich engagiert, könnten auch Anfragen von Angehörigen kommen, die Rat suchen. Oder man erfährt von Familienkonflikten nach einer erfolgten Suizidassistenz. Für solche Situationen sind in diesem Buch hilfreiche Gedanken und Informationen zu finden.

Am Ende muss jeder Mensch eine eigene Haltung finden. Es ist ein Prozess des Abwägens, aber er läuft auf ein „Ja" oder „Nein" hinaus. Im privaten Bereich kann die Antwort auch „vielleicht" heißen, jedoch nicht in einem diakonischen Unternehmen. Denn wir dürfen die Menschen, die zu uns kommen oder die bei uns arbeiten, nicht verunsichern. Sie sollen wissen, woran sie sind und dass sie bei uns keiner Willkür ausgesetzt sind.

Ich kann mir auch privat keine Beteiligung an einer Selbsttötung vorstellen. Jeder Mensch hat das Recht auf den eigenen Willen, auch auf den Willen zu sterben. Aber ich habe ebenso das Recht, diesen Willen zu hinterfragen und ihm nicht zu folgen. Ich bin mir bewusst: Ich werde nicht verhindern können, dass Menschen ihrem Leben mit ärztlicher, familiärer oder anderer Unterstützung ein Ende setzen. Aber ich selbst wirke nicht daran mit und werde niemanden damit beauftragen, das zu tun. Sollte jemand um assistierten Suizid bitten, dann werde ich versuchen, sie von diesem Wunsch abzubringen. Denn ich sehe meine Aufgabe als Christin so: An der Seite der Menschen bleiben, sie nicht allein leiden lassen, ausharren und aushalten, Leid lindern und Geborgenheit schenken. Und ich will Gott, der das Leben geschaffen hat und die Macht des Todes zerbrochen hat, viel zutrauen.

Mein Dank gilt allen, die diejenigen retten, schützen und begleiten, die über Suizid nachdenken oder ihn vollziehen wollen, oder die ihnen Wege zum Leben aufzeigen. Feuerwehr, Rettungsdienste und Polizei, Pflegeheime und Kliniken leisten dabei erhebliches, und auch die Telefonseelsorge, Beratungsstellen und andere Seelsorgedienste. Viele dieser Angebote werden allein von Ehrenamtlichen gestemmt! Dieser vorbeugende Einsatz ist zwar hoch angesehen, aber staatlicherseits immer noch viel zu schlecht finanziert. Die Gesellschaft verlässt sich bisher noch zu sehr darauf, dass es engagierte Menschen gibt, die dies in ihrer Freizeit tun. Das wird hoffentlich künftig anders sein, wenn das am 6. Juli 2023 vom Deutschen Bundestag geforderte Gesetz zur Suizid-Vorbeugung in Geltung ist.[11] Wenn die breite Diskussion um den assistierten Suizid das Ergebnis hätte, dass endlich auch der Lebensschutz aufgewertet wird, wäre das eine gute Entwicklung!

---

11 Vgl. Kapitel 3.

2 Ein Schicksal – zwei Deutungen

Als liebendes Paar gemeinsam zu sterben – das ist ein alter Menschheitstraum. Viele Paare wünschen sich dasselbe wie Philemon und Baucis, von denen der antike römische Dichter Ovid erzählte: Sie hatten den Göttervater Jupiter darum gebeten, dass niemand von ihnen dem anderen ins Grab schauen muss. Weil das Paar dem Jupiter treu ergeben war, belohnte er sie schließlich und schenkte ihnen die Gnade des gemeinsamen und sogar schmerzfreien Todes.

Ein gemeinsames, schmerzfreies Sterben wünschte sich auch ein Heidelberger Ehepaar. Unter der Überschrift „Ihr Leben war ein Fest. Dann hatten sie genug" berichtete am 8. Mai 2022 ein umfangreicher Artikel in der Frankfurter Allgemeinen Sonntagszeitung vom assistierten Doppelsuizid der beiden, 85 und 90 Jahre alt. Sie hatten mit ihren drei erwachsenen Kindern alles gemeinsam über einen längeren Zeitraum vorbereitet und am 5. Juli 2021 mithilfe eines Suizidhilfevereins vollzogen. Beide litten zum Zeitpunkt ihres Todes nicht an einer todbringenden, qualvollen Krankheit, wohl aber unter den vielfältigen Auswirkungen des Altwerdens.

Die Autorin des Artikels, Eva Schläfer, nahm ein dreiviertel Jahr später mit den Kindern Kontakt auf. Sie berichteten ihr, wie sie die Entscheidung der Eltern erlebt und mitgetragen haben, welche Schritte sie unternommen haben, was sie überrascht und was sie erschüttert hat und wie es ihnen in einem gewissen zeitlichen Abstand mit der Entscheidung der Eltern geht. Eva Schläfer schrieb einen einfühlsamen Bericht und spricht darin auch einige der Probleme an, die rund um den assistierten Suizid zu bedenken sind.

Ich habe interessante Reaktionen auf diesen Artikel erlebt. Je nachdem, mit welcher Voreinstellung ihn jemand liest – mit innerer Zustimmung zum assistierten Suizid oder mit innerer Ablehnung – wird anschließend immer die eigene, bereits mitgebrachte Meinung bestätigt.

Wer die Voreinstellung mitbringt: „Der selbstbestimmte Entschluss, seinem Leben mit Hilfe eines anderen Menschen ein Ende zu setzen, ist eine hilfreiche Möglichkeit", wird nach der Lektüre sicher sein: „Dies ist wirklich ein nachahmenswerter, wenn nicht gar erstrebenswerter Weg."

Das Ehepaar hatte seit vielen Jahren darüber diskutiert, zu einem selbstgewählten Zeitpunkt aus dem Leben zu scheiden. Zuerst war es nur eine theoretische Vorstellung, ausgelöst von den Erfahrungen der Ehefrau, die in den 1960er Jahren Krankenpflege gelernt hatte. Verstärkt wurde dies durch die Berichte des Sohnes, der in den 1980er Jahren als Zivildienstleistender in einem Pflegeheim gearbeitet hatte. Sie hatten aus diesen Erlebnissen für sich den Schluss gezogen: „Wir wollen nicht so dahinsiechen wie die Menschen, die in Hospital und Altenheim gepflegt werden." Diese Haltung verfestigte sich im Laufe der Zeit.

Die Eheleute waren nicht einsam. Ihre erwachsenen Kinder lebten zwar über Deutschland verstreut, kümmerten sich aber verantwortungsvoll und engagiert um sie. Jedes Wochenende kam eines von ihnen zu Besuch, sorgte für Entlastung und für Abwechslung. Aber die beiden litten unter erheblichen Einschränkungen, die zwar altersbedingt waren, ihnen jedoch zu schaffen machten. Sie konnten nicht mehr lesen oder Karten spielen. Hinzu kamen Schmerzen aufgrund einer Gürtelrose. Starke Medikamente wurden nötig. Es zermürbte sie. Und: Die beiden, die über sechs Jahrzehnte ein Paar waren, wollten nicht ohne einander sein. So entschlossen sie sich, das umzusetzen, worüber sie schon seit Jahrzehnten nachdachten. Sie wandten sich an einen Suizidhilfeverein, der ihnen das gewünschte tödliche Medikament vermittelte. Ein lang gereifter Entschluss war es. Hand in Hand starben sie, so wie sie es sich immer vorgestellt hatten. „Erlöst" sagt die Tochter. Alle drei Kinder äußern sich im Rückblick versöhnt mit dem Weg ihrer Eltern.

Wer den assistierten Suizid für eine gute Lösung hält, wird nach der Lektüre bestätigt sein: „Ja, dies ist doch ein anschauliches Beispiel dafür, dass Menschen selbstbestimmt entscheiden und dann mit dem Segen ihrer Angehörigen sanft aus dem Leben scheiden können." Wer aber einer unterstützten Selbsttötung eher skeptisch gegenüber steht, wird die eigenen Bedenken umso mehr bestätigt sehen.

So steht die Frage im Raum, ob wirklich *beide,* Frau *und* Mann einen stabilen, selbstbestimmten Sterbewunsch hatten. Während die Ehefrau das Sterben zeitnah herbeiführen wollte, war der Ehemann doch noch unschlüssig. Er äußerte dies auch im Gespräch mit einem Mediziner, der in Suizidassistenz erfahren ist und den die Familie zuerst um Mithilfe gebeten hatte. Dieser lehnte letztendlich ab, weil er bei dem Ehemann einen klaren Lebenswillen erkannt hatte. Danach musste sich der

90-jährige von seiner Frau anhören: „Dann gehe ich eben ohne dich." So willigte er schließlich ein. Tat er das wirklich „selbstbestimmt"? Oder war er eher resigniert, ließ er sich von der Entscheidungskraft seiner Frau drängen und von der Angst, alleine zurückzubleiben?[12]

Ist es wirklich ein so versöhnter Abschied in der Familie gewesen? Die drei Kinder waren zwar eingeweiht, aber andere Familienmitglieder nicht. Berichtet wird von einer Enkelin. Sie war im Auslandssemester. Die Großeltern warteten mit dem Sterben auf ihre Rückkehr. Sie wollten sie nochmal sehen und zu Besuch haben. Die Enkeltochter landete und fuhr umgehend zu den Großeltern. Dort erzählte sie – sicherlich lebhaft und unbeschwert – von ihren Auslandserfahrungen. Sie ahnte nicht, dass die beiden den Sterbetag von ihrem Rückflugdatum abhängig gemacht hatten. Der Termin mit dem Suizidhelfer war schon fest geplant, 48 Stunden später wollten sie tot sein. Im Rückblick hätte die Enkeltochter gerne Bescheid gewusst. Warum waren Großeltern und Eltern nicht offen mit ihr umgegangen? Der letzte Besuch bei ihren Großeltern wird für sie sicherlich lebenslang von diesem Schleier der Unaufrichtigkeit überzogen sein.

Zudem stellt sich die Frage, warum das Ehepaar dem Thema „Sterben" über Jahre hinweg so viel Energie schenkte, aber dem Thema „Leben" immer weniger. Es wird berichtet, dass sie eine wichtige ärztliche Behandlung abbrachen und die angebotene

---

12 Die „Dominanz des Sterbewilligen" ist bei vielen Doppelsuiziden zu beobachten, vgl. Herbert Csef, Unerträglicher surrealer Countdown, Warum zwei Menschen gemeinsam aus dem Leben gehen wollen, in: Zeitzeichen 9/2022, S. 8-11.

psychologische Beratung ablehnten. Sie hatten zudem ein inneres Bild von Krankenhaus und Pflegeheim, das viele Jahrzehnte alt war. Das behielten sie bei und nahmen nicht ernsthaft wahr, dass die medizinischen, palliativen und pflegerischen Möglichkeiten im Jahr 2020 in keinster Weise zu vergleichen sind mit denen vor 40 oder 60 Jahren.[13] Warum wurde der gegenwärtigen Seniorenhilfe, die so viel Wert auf hohe Qualität und respektvollen Umgang mit den Pflegebedürftigen legt, keine Chance gegeben?[14]

Wer Skepsis in sich trägt, ob der assistierte Suizid wirklich eine so gute Lösung ist, erfährt durch die Lektüre Bestätigung für die eigene Zurückhaltung. Nicht zuletzt, weil sich die Redaktion der Frankfurter Allgemeinen Sonntagszeitung entschlossen hat, inmitten des Artikels einen unübersehbaren Warnhinweis abzudrucken: *„Haben Sie Suizidgedanken oder kennen Sie Menschen, die Suizidgedanken haben? Bei der Telefonseelsorge finden Sie Hilfe unter den beiden kostenlosen Hotlines 0800/111 01 11 und 0800/11102 22. Holen Sie sich in jedem Fall Hilfe."* Ahnt die Redaktion, dass einige Menschen allein schon durch das Lesen dieses Artikels zur Nachahmung ermutigt werden? Ohne diesen Artikel wären sie möglicherweise nicht oder noch nicht zur Selbsttötung bereit gewesen.

Philemon und Baucis ergaben sich dem Willen der Götter. Das Heidelberger Ehepaar nahm die Sache selbst in die Hand. Anders als bei dem antiken Paar bleiben in der Gegenwart doch

---

13 „Ich habe in den 1990ern meine Ausbildung gemacht. Das war damals ein völlig anderes Sterben, viel qualvoller als heute", bestätigte eine unserer Pflegekräfte bei einer Fortbildung.
14 In den Kapiteln 14 bis 16 wird das deutlich werden.

Fragen offen. Die zwei so verschiedenen Blickwinkel auf ein und denselben Zeitungsartikel machen deutlich: Eine ungebrochen zustimmende Sicht auf den assistierten Suizid übersieht viele Aspekte, die eher davon abraten. Eine deutlich ablehnende Sicht darf sich aber auch nicht vor der Aufgabe drücken, Wege zum Altwerden und Sterben zu beschreiben, die den leidenden Menschen wirklich gerecht werden in ihrem Wunsch nach einem respektvollen und schmerzfreien Lebensende.

3 Begriffsklärung und höchstrichterliches Urteil

Machen sich Ärztinnen und Ärzte schuldig, wenn sie einem schwerkranken Menschen starke Schmerzmittel geben, deren Nebenwirkungen sich dann aber als so stark erweisen, dass er oder sie daran stirbt? Wenn Patientinnen und Patienten verfügt haben, dass sie keine lebenserhaltenden Maßnahmen wünschen, handeln Ärzte und Ärztinnen dann korrekt, wenn sie diese unterlassen, oder sind sie in jedem Fall verpflichtet, ein Leben zu retten, auch gegen den Willen der Betroffenen? Solche Fragen wurden in Deutschland noch diskutiert, als in der Schweiz längst Suizidhilfevereine wie „Exit" oder „Dignitas" aktiv waren oder als in Belgien und den Niederlanden bereits die „Tötung auf Verlangen" möglich war, mittlerweile auch für Kinder und Jugendliche. In Deutschland aber bewegten sich bis 2015 alle, die einem Menschen auf dessen Wunsch hin beim Sterben halfen, in unsicheren Bahnen und mussten strafrechtliche Verfolgung fürchten. 2015 regelte der Deutsche Bundestag, nach einem intensiven Diskussions- und Vorbereitungsprozess, die Gesetzeslage neu.

Grundsätzlich werden vier verschiedenen Formen der Sterbehilfe unterschieden:

1. Aktive Sterbehilfe
Diese wird auch „Tötung auf Verlangen" genannt und bedeutet: Jemand möchte sterben und bittet einen anderen Menschen,

zum Beispiel eine Giftspritze zu setzen. Dies ist in Deutschland verboten und im Strafgesetzbuch § 216 geregelt. Die Regelung kommt auch dann zur Anwendung, wenn es sich nicht um medizinisches Fachpersonal handelt, sondern etwa eine Internetbekanntschaft, mit der Kontakt aufgenommen wurde, um von diesem anderen Menschen getötet zu werden. Selbst wenn der Wunsch klar dokumentiert ist, darf er nicht vollzogen werden.

2. Passive Sterbehilfe

Hierbei handelt es sich um das Unterlassen oder den Abbruch lebenserhaltender Maßnahmen. Wenn ein Mensch nur noch durch Beatmung und künstliche Ernährung lebendig erhalten wird, ohne dass eine Besserung erwartet werden kann, und er dies will oder verfügt hat, können „die Maschinen abgestellt werden", wie es umgangssprachlich genannt wird, ohne dass die Ärztin oder der Arzt sich strafbar machen würde. Der kranke Mensch stirbt dann auf natürlichem Wege. Passive Sterbehilfe hängt eng mit der sogenannten „modernen Gerätemedizin" zusammen. Diese ist ein Segen, wenn jemand nach einem schweren Unfall oder einem Schlaganfall künstlich am Leben erhalten werden kann, bis sich der Zustand bessert. Es liegen aber auch Menschen quälend lange und ohne jede Aussicht auf Gesundung an solchen Maschinen. Wenn Ärztinnen und Ärzte früher die künstliche Beatmung abschalteten, kamen sie mit dem Gesetz in Konflikt. Mittlerweile ist hier Rechtssicherheit geschaffen und eine medizinisch nicht mehr erfolgversprechende Behandlung kann straffrei beendet werden. Viele Menschen haben heute eine Patientenverfügung und eine Vorsorgevollmacht ausgefüllt und hinterlegt. Vor Operationen wird in der Regel auch danach gefragt. Sie legen den Patientenwillen dar und erleichtern es nicht nur dem Klinikpersonal, sondern auch den Angehörigen, im Sinne des betroffenen Menschen zu entscheiden.[15]

3. Indirekte Sterbehilfe

Auch diese Form der Sterbehilfe, die der Deutsche Ethikrat seit kurzem auch „Sterbebegleitung" nennt, hängt mit der modernen Medizin zusammen. Es wurden Medikamente entwickelt, die selbst die stärksten Schmerzen lindern oder abstellen können. Sie sind überaus hilfreich etwa bei Tumorerkrankungen. Diese Medikamente haben aber so extreme Nebenwirkungen, dass der Patient bzw. die Patientin durch sie zu Tode kommen kann. In Abwägung der Risiken können solche Medikamente eingesetzt werden, um das Leiden erträglich zu machen – wohl wissend, dass das Sterben dadurch beschleunigt werden kann. Eine besondere Form dieser Sterbehilfe ist die „palliative Sedierung"[16]. Sie wird in Krankenhäusern und Hospizen, aber auch in Pflegeheimen angewandt, um Menschen einen schmerzhaften Todeskampf zu ersparen.

4. Assistierter Suizid

Diese Frage nach der „Beihilfe zur Selbsttötung" ist unabhängig von der modernen Medizin und quasi so alt wie die Menschheit. Sie war 2015 der Hauptdiskussionspunkt im Deutschen Bundestag: In welchem Maße dürfen Menschen anderen dabei behilflich sein, sich selbst das Leben zu nehmen? Wie ist es zu bewerten, wenn ein Verwandter oder eine Freundin dies tut? Hier ist davon auszugehen, dass es bei der einmaligen

---

15 Unter www.ekd.de/ekd_de/ds_doc/Christliche-Patientenvorsorge-2018. pdf (zuletzt abgerufen: 10.7.2023) finden Sie das Heft „Christliche Patientenvorsorge –Vorsorgevollmachten, Betreuungsverfügung, Patientenverfügung und Behandlungswünsche" zum Download.

16 Siehe Kapitel 15.

Suizidhilfe bleibt, als einem „letzten Freundschaftsdienst". Wie aber wären Pflegekräfte und Ärzteschaft zu beurteilen, wenn sie zwar selten, aber doch mehrfach in ihrem Berufsleben ein todbringendes Medikament anreichen? Und wie ist es bei Vereinen, deren klares Ziel es ist, regelmäßig Suizidassistenz zu leisten und die dafür auch offensiv werben wollen?

Dem Deutschen Bundestag lagen 2015 vier parteiübergreifende Gesetzentwürfe vor, die intensiv diskutiert wurden. Zur Überraschung aller gab es dann aber gar keinen langwierigen Abstimmungsprozess zwischen den Entwürfen, sondern bereits bei der ersten Abstimmung erhielt einer der Vorschläge eine große Mehrheit, und der Bundestag stellte in § 217 des Strafgesetzbuchs die sogenannte „geschäftsmäßige Suizidassistenz" unter Strafe.[17] „Geschäftsmäßig" bedeutet dabei aber nicht „kommerziell", sondern meint „wiederholt" oder „organisiert". Wer einmalig, etwa im Familien- oder Freundeskreis bei der Selbsttötung hilft, wird nicht bestraft. Wer dies aber regelmäßig tut, in einem Suizidhilfeverein oder in einer ärztlichen Praxis, wird strafrechtlich verfolgt und verurteilt.

Die Mitglieder des Deutschen Bundestages folgten dabei einem Schutzgedanken. Es sollte sichergestellt werden, dass auf Kranke oder Alte kein Druck zum Sterben ausgeübt wird. Es sollte

---

17 § 217 des Strafgesetzbuchs in der Fassung von 2015: Geschäftsmäßige Förderung der Selbsttötung

(1) Wer in der Absicht, die Selbsttötung eines anderen zu fördern, diesem hierzu geschäftsmäßig die Gelegenheit gewährt, verschafft oder vermittelt, wird mit Freiheitsstrafe bis zu drei Jahren oder mit Geldstrafe bestraft.

(2) Als Teilnehmer bleibt straffrei, wer selbst nicht geschäftsmäßig handelt und entweder Angehöriger des in Absatz 1 genannten anderen ist oder diesem nahesteht.

sich auch niemand an der Suizidbeihilfe bereichern können. Deshalb sollte sie nur in Einzelfällen straffrei sein, etwa wenn sie durch Menschen vollzogen wird, die dem Sterbewilligen persönlich nahestehen.

Gegen diese Fassung des § 217 wurde Verfassungsbeschwerde eingelegt. Unter anderem klagten Suizidhilfevereine, die sich in ihren Rechten eingeschränkt sahen. Es kamen aber auch Klagen aus der Ärzteschaft, die verunsichert war und Rechtssicherheit wollte: Ab wann handelten sie wirklich „geschäftsmäßig"? Wäre es schon verboten, wenn sie etwa einmal in fünf Jahren Suizidbeihilfe leisteten? Darüber hinaus klagten Menschen, die sich mit Hilfe anderer das Leben nehmen wollten, mit der Begründung: Wer in der eigenen Familie niemanden hat, der todbringende Medikamente besorgen kann, kann schlichtweg diese Suizidassistenz nicht in Anspruch nehmen. Deshalb bestand die Möglichkeit auf Suizidassistenz für die meisten Menschen nur auf dem Papier. Der Deutsche Bundestag, so wurde argumentiert, hat solch hohe Hürden angesetzt, dass die wenigsten an Suizidbeihilfe gelangen können – es sei denn durch eine Fahrt in die Schweiz.[18]

Das Bundesverfassungsgericht hat die Klagen intensiv beraten, unter anderem mehrere Anhörungen durchgeführt und die Sichtweise von Patienten-, Behinderten- oder Pflegefachverbänden erfragt. Einbezogen wurde der europäische Blick, denn mehrere europäische Länder wie Österreich, Spanien oder Portugal haben in den vergangenen Jahren ihre Rechtsprechung

---

18 Dort ist Suizidbeihilfe auch für Menschen aus dem Ausland möglich – in den Niederlanden nur für Menschen, die dort krankenversichert sind.

zur Sterbehilfe, zum assistierten Suizid und zur Tötung auf Verlangen neu gefasst.[19]

Am 26. Februar 2020 hat das Bundesverfassungsgericht die bestehende Regelung aufgehoben. Denn § 217 fasse die Ermöglichung des assistierten Suizids so eng, dass er letztlich nicht umsetzbar sei. Wenn ein Mensch keine nahestehenden Personen kennt, die tödliche Medikamente besorgen können, ist er auf *organisierte* und damit auf „geschäftsmäßige" Formen von Suizidhilfe angewiesen.[20]

Bemerkenswert ist die nähere Begründung des Urteils durch den 2. Senat des Bundesverfassungsgerichts. Bis dahin wurde in allen Urteilen zur Selbsttötung der Suizid nicht nur aus dem Blickwinkel des einzelnen Menschen, sondern auch mit den Auswirkungen auf die Gemeinschaft beurteilt. Deshalb wurden immer zusätzliche Schutzkonzepte eingefordert oder die Auswirkungen von Selbsttötungen auf andere berücksichtigt.

Das Bundesverfassungsgericht blendete 2020 nun aber das Umfeld und die gesellschaftlichen Folgen stark aus und betrachtete das Thema Suizidbeihilfe streng aus der Sicht des einzelnen Menschen: Jeder Mensch hat das Recht, in freier Selbstbestimmung über den eigenen Tod zu bestimmen, wenn dieser Wunsch der freien Willensentscheidung entspringt und dauerhaft besteht. Falls jemand dazu Assistenz benötigt, darf

---

19 Einen Überblick bietet Ulrich H.J. Körtner, Suizidhilfe, in: Streitsache Assistierter Suizid, Perspektiven christlichen Handelns, Leipzig 2022, S. 99-101.

20 Der Text des Urteils ist veröffentlicht unter www.bundesverfassungsgericht.de/SharedDocs/Entscheidungen/DE/2020/02/rs20200226_2b-vr234715.html (zuletzt abgerufen: 10.7.2023).

der Staat dies nicht unmöglich machen, im Gegenteil: Der Staat darf freiwillige Hilfe zur Selbsttötung nicht unter Strafe stellen und muss sie ermöglichen.

Das Bundesverfassungsgericht leitet dies ab aus einer Kombination der Artikel 1 und 2 des Grundgesetzes: „Die Würde des Menschen ist unantastbar." und „Die Freiheit der Person ist unverletzlich." Diese Sichtweise wurde schon seit längerem an den Universitäten diskutiert, war aber bis dahin noch nicht von einem höchsten Gericht angewandt worden. Interessant ist: Dieser neuen Sicht auf die Selbsttötung hätte *keine* der vier Gesetzesvorlagen von 2015 standgehalten. Es ist eine regelrecht neue Beurteilung von Selbsttötung und Selbstbestimmung.

Wie wichtig den Richterinnen und Richtern dies war, zeigt sich in einer ungewöhnlichen Formulierung: Es gehe um einen Akt „autonomer Selbstbestimmung". Nun ist „autonom" die griechische Übersetzung des Wortes „selbstbestimmt". Das Gericht spricht also von einer „selbstbestimmten Selbstbestimmung".[21]

Das bedeutet in der Praxis: Jedem Menschen steht Assistenz zum Suizid zu, unabhängig von Kranksein oder anderen Faktoren. Auch wer aus Angst vor einem möglichen künftigen Leiden sterben will,[22] kann sich dabei unterstützen lassen, selbst wenn er oder sie kerngesund ist. Wer einem völlig gesunden Menschen hilft, das Leben definitiv zu beenden, wird daher nicht bestraft.

---

21 Mehr dazu in Kapitel 4.
22 Der sog. „Präventivsuizid", in Abgrenzung zum „Unerträglichkeitssuizid" im Zusammenhang mit einer schweren Krankheit.

Es gibt jedoch keinen Zwang, Suizidbeihilfe zu leisten. Das hält das Bundesverfassungsgericht ausdrücklich fest: Niemand kann zur Suizidassistenz genötigt werden.[23]

Das Bundesverfassungsgericht gesteht dem Deutschen Bundestag ausdrücklich zu, rechtliche Rahmenbedingungen für den assistierten Suizid zu formulieren. Dabei hat das Gericht dem Bundestag aber enge Grenzen gesetzt. Er kann nur noch gesetzlich regeln: (1) Wie wird sichergestellt, dass es keine Beeinflussung oder gar Manipulation des Sterbewilligen gab und wirklich eine freie Willensentscheidung vorliegt? Und (2): Wie kann geprüft werden, dass keine „Kurzschlusshandlung" vorliegt und der Sterbewille dauerhaft und gefestigt besteht? Auch der Schutz vor Missbrauch kann geregelt werden, aber nur in den engen Grenzen des Gerichtsbeschlusses.

Es besteht damit letztlich ein Rechtsanspruch auf Suizidbeihilfe, wenn der Sterbewunsch stabil und selbstbestimmt ist. Und es geht nicht allein um Schwerstkranke. Das ist ja oft zu hören: „Im Einzelfall ist der assistierte Suizid sicherlich sinnvoll, zum Beispiel bei sehr schweren Krankheiten." Solche Vorbedingungen schließt das Bundesverfassungsgericht aber nun aus, eben bis auf diese: den stabilen und selbstbestimmten Willen. Krankheit, Leiden oder Alter spielen keine Rolle mehr. Damit gibt es nun in Deutschland – anders als in Nachbarländern wie Österreich oder den Niederlanden – einen sehr weitgefassten

---

23 Das österreichische Sterbeverfügungsgesetz stellt ausdrücklich sicher, dass nicht nur Einzelpersonen, sondern auch Trägerorganisationen von Gesundheits- und Pflegeleistungen nicht verpflichtet sind, Suizidbeihilfe zu leisten. Vgl. Ulrich H.J. Körtner, Suizidhilfe, in: Streitsache Assistierter Suizid, Perspektiven christlichen Handelns, Leipzig 2022, S. 109.

Rahmen für Suizidassistenz, die gerade nicht an schwerste Krankheiten oder sehr hohes Lebensalter gebunden ist.

Das Urteil hat völlig unterschiedliche Reaktionen hervorgerufen. Die Klagenden haben das Urteil natürlich ausdrücklich begrüßt. Suizidhilfevereine nahmen ihre Tätigkeit verstärkt auf. 2021 wurden rund 350 Suizidbeihilfen geleistet.[24] Patienten-, Behinderten- und Pflegeorganisationen sowie die Wohlfahrtsverbände forderten eine rasche gesetzliche Regelung, die nicht nur die Regeln für Suizidassistenz, sondern auch die Vorbeugung von Suiziden angemessen in Blick nimmt.

Der Deutsche Bundestag und die „Große Koalition" aus CDU und SPD waren allerdings ab März 2020 intensiv mit der Bewältigung der Covid19-Pandemie befasst, so dass für eine ausführliche Beratung einer neuen Gesetzeslage kein Raum war. Nach der Neuwahl im September 2021 und der Bildung der „Ampel"-Regierung aus SPD, Bündnis 90/Die Grünen und FDP hat der Deutsche Bundestag im Frühsommer 2022 das Gesetzgebungsverfahren eröffnet und am 18. Mai 2022 eine Orientierungsdebatte geführt. Damit sollten die neugewählten Mitglieder des Deutschen Bundestags Anschluss finden an eine erste Diskussion, die das Parlament 2021 noch vor der Neuwahl geführt hatte.[25] Am 24. Juni 2022 diskutierte der Bundestag

---

24 www.tagesschau.de/inland/gesellschaft/sterbehilfe-deutschland-101. html (zuletzt abgerufen: 10.7.2023). Ob es sich um Präventiv- oder Unerträglichkeitssuizide handelt, ist nicht weiter erwähnt.

25 www.bundestag.de/dokumente/textarchiv/2022/kw20-de-vereinbarte-debatte-sterbehilfe-894644 (zuletzt abgerufen: 10.7.2023).

erste Gesetzesinitiativen[26]. Wie bei ethischen Grundsatzfragen üblich, wurden diese Vorschläge parteiübergreifend erarbeitet.

Anfang Juli 2023 kamen zwei Entwürfe im Deutschen Bundestag zur Abstimmung. Beide versuchten zu regeln, wer unter welchen Umständen und in welchen Zeiträumen tödlich wirkende Medikamente verschreiben oder ausgeben darf und wie der Staat Menschen davor schützen kann, zum Suizid gedrängt zu werden.[27]

Es gab im Vorfeld grundsätzliche Kritik an beiden Entwürfen: Sie drohten, „bürokratische Monster" zu werden. Und anstatt viel Geld in ein flächendeckendes System der Suizidassistenz-Beratung zu stecken, wäre es doch viel sinnvoller für die Suizid-Vorsorge angelegt. Auch sollten die Hausärztinnen und -ärzte stärker berücksichtigt werden: Sie kennen die Sterbewilligen gut, begleiten sie teils schon sehr lange und können die Hintergründe des Sterbewunschs viel besser einschätzen als Beratungsstellen, die letztlich nur wenige und sehr formale Gesprächskontakte haben und den Hintergrund der Sterbewilligen gar nicht kennen.[28] Es wurde auch vorgeschlagen, gänzlich

---

26 www.bundestag.de/dokumente/textarchiv/2022/kw25-de-suizidhilfe-897826 (zuletzt abgerufen: 10.7.2023).

27 Eine gute Zusammenfassung der vormals drei Entwürfe findet sich unter https://www.lto.de/recht/hintergruende/h/sterbehilfe-entwuerfe-im-bundestag-helling-plahr-kuenast-gastelucci/ (zuletzt abgerufen: 10.7.2023) und https://www.bundestag.de/dokumente/textarchiv/2023/kw27-de-suiziddebatte-954918 (zuletzt abgerufen: 10.7.2023).

28 Diese und weitere Überlegungen veröffentlichten der Ethiker Reiner Anselm, die Palliativmedizinerin Claudia Bausewein, der frühere Vorsitzende des Deutschen Ethikrats Peter Dabrock und der Staatsrechtler Wolfram Höfing am 14.05.2023 in der Frankfurter Allgemeinen.

auf eine besondere Rechtsgrundlage zu verzichten.[29] Die letzten drei Jahre seit dem Urteil des Verfassungsgerichts hätten gezeigt, dass es keinen befürchteten „Dammbruch" gab und dass die Ärztinnen und Ärzte sehr verantwortlich mit der Möglichkeit umgehen, tödliche Medikamente vermitteln zu können. Dies geschieht zwar in einem „rechtlichen Graubereich", ist aber eben seit 2020 nicht mehr verboten.

In der Abstimmung am 6. Juli 2023 erhielt dann keiner der beiden Gesetzentwürfe eine Mehrheit. Im Gegenteil, beide Entwürfe wurden mit deutlicher Mehrheit abgelehnt. Ob der Deutsche Bundestag noch in der laufenden Wahlperiode einen neuen Versuch zu einer Gesetzgebung unternehmen wird, ist offen.[30] Der assistierte Suizid bleibt also bis auf weiteres ungeregelt. Er ist nicht verboten, aber unter welchen Umständen Ärzte oder Betreuungspersonen sicher sind vor strafrechtlicher Verfolgung, bleibt in einer Grauzone.

Der Deutsche Bundestag hat am 6. Juli 2023 aber mit großer Mehrheit einen anderen Beschluss gefasst: Er fordert ein rasches Gesetz zur Suizidprävention[31], also ein verbindliches, verlässlich finanziertes Beratungssystem, in dem lebensmüde Menschen rasch Hilfe bekommen können. Dies ist ein wichtiger Meilenstein und lange überfällig! Die Diakonie Deutschland, die Caritas, Patientenschutzorganisationen und Ärztevertretungen hatten im Vorfeld der Gesetzesberatung immer

---

29 Dazu ein Interview mit Peter Dabrock unter www.deutschlandfunk.de/
    kein-gesetz-zur-sterbehilfe-interview-peter-dabrock-theologe-und-
    ethiker-dlf-3d2fbf97-100.html (zuletzt abgerufen am 10.7.2023).
30 Möglicherweise muss lediglich das Betäubungsmittelgesetz präzisiert
    werden.
31 „Prävention" bedeutet „Vorsorge".

wieder gefordert, dass eine Regelung des assistierten Suizids eingebettet sein müsse in Schutzkonzepte und Vorsorgeangebote. Elmar Pankau, Vorstandsvorsitzender der Malteser, bringt es auf den Punkt: „Wir müssen den Menschen das Leiden nehmen, nicht das Leben. Anstatt uns darauf zu konzentrieren, ihnen den assistierten Suizid zu erleichtern, müssen wir ihnen rechtzeitig präventive Hilfestellungen anbieten".[32]

Solch ein bundesweites System gibt es bisher nur auf freiwilliger Basis mit der Telefonseelsorge. Sie steht bereit, wenn Menschen bei Suizidgedanken schnelle Hilfe suchen. Deshalb kann z.B. in Zeitungsartikeln über Suizide immer nur auf diese ehrenamtlich tätige Organisation verwiesen werden – und der Staat verlässt sich darauf, dass Menschen in ihrer Freizeit diesen Dienst tun. Es ist eine angemessene Reaktion auf das Urteil des Bundesverfassungsgerichts, dass der Deutsche Bundestag ein viel größeres Netzwerk von Hilfestellungen einfordert. Es wäre ja zynisch, wenn Menschen, die sterben wollen, viel schneller professionelle Hilfe bekämen als Menschen, die leben möchten.

---

32 Zitiert nach https://w.epd.de/digital/soz_weekly/2023/07/07/510992. htm (zuletzt abgerufen 10.07.2023). Dort finden sich auch Äußerungen des Diakoniepräsidenten Ulrich Lilie und des Präsidenten der Bundeärztekammer, Klaus Reinhardt.

Klärungen

4 Die Freiheit des Einzelnen und der Schutz der Schwachen

„Autonome Selbstbestimmung" – mit dieser Formulierung begründeten die Richterinnen und Richter des Bundesverfassungsgerichts im Februar 2020 in ihrem Urteil, warum es ein unbedingtes Recht auf den eigenen Tod gibt und auch das Recht, beim Sterben Hilfe zu erhalten. Wie schon erwähnt, ist diese Formulierung bemerkenswert, denn sie gibt denselben Sachverhalt doppelt wieder: Das griechische Wort „Autonomie" und das deutsche „Selbstbestimmung" bedeuten ein und dasselbe.

Doppelformulierungen nennt man „Tautologie"[33] oder auch „Pleonasmus"[34]. Oftmals werden sie aus Unwissenheit verwendet, etwa wenn jemand einen deutschstämmigen Begriff und ein Fremdwort zusammenstellt und nicht weiß, dass sie eigentlich dasselbe bedeuten. Solche Unkenntnis ist aber von einem Verfassungsgericht nicht zu erwarten! Könnte diese Doppel-Formulierung den Richterinnen und Richtern unbe-

---

33 Beispiele: La-Ola-Welle (la ola ist spanisch für „Welle"), Salsa-Sauce (salsa ist spanisch für „Soße").
34 Beispiele: weißer Schimmel, schwarzer Rappe, tote Leiche.

wusst aus der Feder geflossen sein?[35] Auch das ist nicht zu vermuten, denn das Verfassungsgericht weiß, dass jedes Wort seiner Grundsatzurteile auf die Goldwaage gelegt und ausgedeutet wird. Es ist wohl eher so, dass das Gerichtskollegium diese Formulierung bewusst gewählt hat – so wie Schriftstellerinnen und Schriftsteller, die „Tautologie" oder „Pleonasmus" gezielt als Stilmittel einsetzen, um einen Sachverhalt eindringlich zu betonen. Deshalb darf davon ausgegangen werden, dass durch die Sprache doppelt unterstrichen werden soll: Die Selbstbestimmung des Menschen hat höchsten Stellenwert und ist ein Recht, das nicht eingeschränkt werden darf.

Aber stimmt das? Ist die Selbstbestimmung des Menschen wirklich als höchstes Gut anzusehen? Ich denke, diese Frage kann nur mit einem „Ja, aber..." beantwortet werden. Selbstverständlich ist es ein hohes Gut, dass Menschen über sich, ihr Leben, ihren Aufenthaltsort, ihre Berufswahl, ihre Partnerwahl und vieles mehr selbst bestimmen können. Viel zu lang war dies auch in Deutschland leider eben nicht der Fall. Die Leibeigenschaft galt bis ins 19. Jahrhundert hinein und wurde mancherorts erst 1833 abgeschafft. Das ist keine 200 Jahre her! Auch Ehen wurden lange Zeit arrangiert und dienten im bäuerlichen Umfeld vor allem dem Zugewinn an Ackerland und Viehzeug. Eine freie Berufswahl war aufgrund der Einschränkungen durch Zunftwesen und Standesrecht über Jahrhunderte hinweg nahezu ausgeschlossen. Und noch bis 1977 durften Ehemänner ihren Frauen eine Berufstätigkeit untersagen!

---

35 Es ist nicht üblich, dass die Verfassungsrichterinnen und -richter ihre Urteile im Nachhinein erläutern. Daher gibt es auch keine Hinweise von ihnen darauf, wie diese Formulierung zu deuten ist.

Die allgemeine Erklärung der Menschenrechte gesteht seit 1948 jedem Menschen auf der Welt zu, über den eigenen Lebensweg selbst zu bestimmen. Im westlichen Kulturkreis ist das Gemeingut, muss aber auch hier beständig gestaltet werden. In anderen Weltregionen bleibt solche Selbstbestimmung auch im 21. Jahrhundert für viele Menschen nur ein Traum: In Indien oder in der Türkei droht Frauen und auch Männern weiterhin die Zwangsverheiratung. In den Vereinigten Arabischen Emiraten dürfen Frauen nur Autofahren, wenn das männliche Familienoberhaupt zustimmt, und Ehefrauen nur berufstätig sein, wenn ein Richter dies erlaubt.[36]

Es ist in der Tat ein hohes Gut, dass Menschen ihren eigenen Lebensweg gestalten, ihre Talente entfalten und ihren Lebensstil frei wählen können. Und nach unserem westlichen Verständnis muss ein Staat dafür Sorge tragen, dass dies auch wirklich möglich ist. Die Grundartikel in unserem Grundgesetz knüpfen an die Menschenrechte an und verpflichten unseren Staat: Er muss Bildung ermöglichen, Hindernisse abbauen und ein Klima der Selbstbestimmung fördern.

Zugleich ist jede Selbstbestimmung aber immer auch eingeschränkt – und zwar durch die Selbstbestimmung und die Rechte anderer. Knapp und einprägsam formuliert ist dies in dem Sinnspruch: „Die Freiheit des Einzelnen endet dort, wo die Freiheit des anderen beginnt."[37] Dies umzusetzen ist freilich nicht einfach und bedeutet: Es muss immer wieder genau ausgehandelt werden, wo die eigene Selbstbestimmung auf die

---

36 Quelle: Amnesty International.
37 Dieses Zitat wird Immanuel Kant, Jean-Jacques Rousseau und auch Rosa Luxemburg zugeschrieben. Die Herkunft ist aber unbekannt.

Freiheit des anderen Menschen trifft. Wer setzt die eigenen Anliegen durch? Wer muss nachgeben? Wie können Kompromisse aussehen? Hier hat die Gemeinschaft die Aufgabe, dafür zu sorgen, dass sich nicht einfach die Stärksten durchsetzen, sondern dass auch die Schwächeren zu ihrem Recht kommen. Deshalb muss die Selbstbestimmung immer auch eingehegt werden, und zwar da, wo andere Schutz brauchen.

Ein unstrittiges Beispiel dürften die Geschwindigkeitsbeschränkungen in Innenstädten und auf Landstraßen, aber auch in Baustellen und anderen Gefahrenzonen sein. Hier wird die Freiheit – „mit meinem Auto darf ich so schnell fahren wie ich will" – doch erheblich eingeschränkt! Dies dient aber dem Schutz anderer, die zu Fuß oder auf dem Rad unterwegs sind, und ist als Regelung hoch anerkannt.[38]

Es ist also durchaus angebracht, die Selbstbestimmung einzuschränken. Folglich kann nicht von einem einzigen „absolut höchsten Gut" geredet werden, sondern müssen „hohe Güter" miteinander in Ausgleich gebracht werden. Neben das hohe Gut „Selbstbestimmung" gesellt sich das hohe Gut „Schutz der Schwächeren". Dies wird oft in der Formel „Freiheit und Verantwortung" zusammengefasst.[39] Wer die Freiheit hat, sein Leben selbstbestimmt zu gestalten, hat auch die Verantwortung, dabei auf andere Menschen Rücksicht zu nehmen. Zur Selbstbestimmung gehört immer auch die Selbst-Zurücknah-

---

38 In der Rechtsprechung wird im Moment sogar diskutiert, ob es nicht nur als fahrlässige Tötung, sondern als Mord gewertet werden kann, wenn nächtliche Autorennen in Innenstädten zu tödlichen Unfällen führen.

39 Etwa von Bundespräsident a.D. Joachim Gauck.

me, die Selbst-Begrenzung. Alles andere wäre eine Tyrannei der Stärkeren.

Selbstbestimmung kann nie uneingeschränkt gelten und geht immer einher mit der Verantwortung, anderen Menschen nicht zu schaden. Die Formulierung „autonome Selbstbestimmung" kann aber so verstanden werden, dass es um absolute, unbegrenzte Selbstbestimmung geht, die keinerlei Einschränkung erlaubt. Das hat das Bundesverfassungsgericht sicher nicht gemeint, denn die Verantwortung für Schwächere taucht im Urteil des Bundesverfassungsgerichts von 2020 an anderer Stelle auf: Dem Gesetzgeber wird durchaus zugestanden, Schutzkonzepte zu entwickeln. Aber der Begriff „autonome Selbstbestimmung" ist so stark, dass er den „Schutz der Schwächeren" in den Schatten rücken kann. Der Schutzgedanke hat in diesem Urteil nicht dieselbe Betonung erfahren wie die Selbstbestimmung des Einzelnen.[40] Deshalb besteht nun die Gefahr, dass die Selbstbestimmung so hoch gewertet wird, dass der Schutz der Schwächeren nicht ernst genug genommen wird. „Die einseitige Betonung des Selbstbestimmungsrechts, ganz unabhängig davon, ob jemand schwerkrank oder nur seines Lebens überdrüssig ist, birgt Gefahren für den Lebensschutz!"[41]

Im Blick auf den assistierten Suizid sind solche Schutzkonzepte aber unerlässlich. Dies wurde auch nach dem Urteil des Bundesverfassungsgerichts und im Zusammenhang mit der

---

40 In anderen Urteilen hingegen, wie bei der Verpflichtung des Staates zum Klimaschutz 2021, hat das Bundesverfassungsgericht den Schutz der Schwächeren und insbesondere nachfolgender Generationen dagegen ausdrücklich herausgestellt.

41 Ulrich H.J. Körtner, Suizidhilfe, in: Streitsache Assistierter Suizid, Perspektiven christlichen Handelns, Leipzig 2022, S. 117.

Diskussion im Deutschen Bundestag von vielen Seiten betont. Diakonie und Caritas, Patientenschutzorganisationen und Palliativverbände, Hospizvereine, Ärzteschaft und viele mehr haben intensiv darauf hingewiesen: Das Recht auf Hilfe beim Suizid muss flankiert werden durch Schutzkonzepte! Es muss sichergestellt sein: Niemand darf zum Suizid gedrängt werden. Niemand darf durch das Miterleben eines Suizids seelisch verwundet werden. Niemand darf zu einer vorschnellen Selbsttötung verleitet werden. Der Deutsche Bundestag steht – auch mit seiner Selbstverpflichtung, die Suizidprävention zu stärken – nun genau vor der Aufgabe, dies angemessen und unter Berücksichtigung all dieser Gesichtspunkte zu gestalten.

5 Selbstbestimmt, fremdbestimmt oder beeinflusst?

Die Frage bleibt: Ist der Mensch wirklich selbst-bestimmt? Denn es wirken doch auch andere, fremde Einflüsse auf ihn ein und bestimmen das Leben mit.

Zuerst und besonders wichtig: Die Erziehung und das familiäre Vorbild. Aus der Prägung der ersten Kindheitsjahre kommt niemand heraus. In dieser Lebensphase sind wir überhaupt nicht selbstbestimmt, sondern völlig unselbständig und überaus bedürftig. Die Erlebnisse der Kindheit nehmen wir in unser Leben mit, sie bestimmen es unausweichlich. Wer in einer gewalttätigen Familie aufwächst und von klein auf erleben muss, dass der eigene Körper nicht geschützt ist, wird diese Erfahrung nie loswerden. Und ebenso stellt natürlich eine behütete Kindheit mit guten Bildungschancen die Weichen für das weitere Leben. Die Zahl der Geschwister und der eigene Platz innerhalb dieser Reihenfolge, Umzüge, Krankheiten, Todesfälle wichtiger Bezugspersonen – was auch immer in unserer Kindheit passiert, wir nehmen es mit. Unser Leben beginnt fremdbestimmt, und diese Fremdbeeinflussung löst sich nie ganz auf.

Dies hat auch Auswirkungen darauf, ob ein Mensch suizidgefährdet ist oder nicht. Die Hälfte derjenigen, die sich das Leben nehmen, hat selbst ein Elternteil durch Selbsttötung verloren.[42] Vermutlich spielt neben einer genetischen Veranlagung auch die Belastung, die ein Suizid für eine Familie bedeutet, eine wichtige Rolle für die seelische Gesundheit. Aber eine völlig eigenständige, unabhängige Entscheidung ist die Selbsttötung dann doch wirklich nicht, sondern sie liegt ebenfalls in der Familie begründet.

Als Erwachsene sind wir ebenfalls nur zum Teil selbstbestimmt. Manche Lebensträume können wir realisieren – andere aber platzen. Wir können nicht selbst bestimmen, ob wir eine passende Partnerschaft finden und wirklich eine Familie gründen, welche Krankheiten und Schicksalsschläge uns heimsuchen und welche Krisen oder gar Kriege über uns kommen. Unsere Selbstbestimmung ist geprägt vom Ort, an dem wir leben, und von den Lebensumständen, die dort herrschen. Über unser Leben bestimmen, das können wir immer nur eingeengt von Entwicklungen, die wir nicht beeinflussen können.

Fremdbestimmung hat sogar Auswirkungen auf die Art, wie Menschen sich das Leben nehmen. Anhand der langjährigen statistischen Erhebungen kann man sehr deutlich zeigen: Die Zahl der Suizide in Deutschland ist nicht schwankend, und die Arten der Selbsttötung verändern sich kaum. Sie sind eben nicht, was eigentlich zu erwarten wäre, von Jahr zu Jahr unterschiedlich. So müsste es allerdings sein, wenn selbstbestimmte Menschen sich unabhängig voneinander mit eigenständig und speziell gewählten Methoden das Leben nehmen würden.

---

42 Darauf weist u.a. das Informationsportal zur psychischen Gesundheit und Nervenerkrankungen hin, www.neurologen-und-psychiater-im-netz.org (zuletzt abgerufen: 10.7.2023).

Aber alle Zahlen sind sehr stabil. Sie verändern sich nur ganz allmählich und über Jahrzehnte hinweg. Sie sind sogar abhängig vom Wohnort! Bodo de Vries, der dazu geforscht hat, sagt provokant: „Geben Sie mir Ihre Postleitzahl und zehn Minuten Zeit, und ich sage Ihnen korrekt voraus, wie viele Menschen aus Ihrem Ort sich im übernächsten Jahr auf welche Weise das Leben nehmen. Ich muss nur die Statistik weiterführen."[43] Er schließt daraus: Es sind eben nicht nur ein „freier Wille" oder eine unabhängige Selbstbestimmung, sondern es sind ebenso Einflüsse von außen, die die Selbsttötungen beeinflussen. Sie unterliegen auf eine nicht wirklich erklärliche Weise bestimmten Entwicklungen in der Gesellschaft und sogar in einer Region. Wer sich das Leben nehmen will, handelt nicht nur von innen heraus, sondern ist – ohne das selbst zu wissen oder zu bemerken – auch von außen beeinflusst bis hin zur Methode, die gewählt wird. „Völlig selbstbestimmt" ist das nicht zu nennen.

Zudem ist es leider so, dass eine Selbsttötung weitere Selbsttötungen nach sich zieht. Menschen, die über einen Suizid nachdenken werden durch den Suizid eines anderen dazu ermutigt, ihren Plan umzusetzen. Hätte es den ersten Suizid nicht gegeben, würden andere Sterbewillige noch länger leben – eventuell so lange, bis eine Besserung ihrer Gemütsverfassung eintritt.

---

43 5. Kamingespräch zum Assistieren Suizid, www.diakonie-wissen.de/web/grp/assistierter-suizid (zuletzt abgerufen: 10.7.2023). Die einzige Todesart, die seit den 1950er Jahren deutlich zurückgegangen ist, ist das „ins Wasser gehen". Seitdem es flächendeckend Schwimmunterricht gibt, können Menschen nicht mehr so einfach in Seen ertrinken, sondern sie beginnen reflexartig zu schwimmen. Das kann auch kein freier Wille verhindern: Wer schwimmen kann, ertrinkt in stehenden Gewässern nicht so leicht.

Das gilt sogar für „ausgedachte" Selbsttötungen! Als Johann Wolfgang von Goethe 1774 seinen Roman „Die Leiden des jungen Werthers" veröffentlichte und darin den Selbstmord des jungen Manns schilderte, nahmen sich in der Realität viele junge Männer das Leben. Deshalb redet man auch vom „Werther-Effekt", wenn auf einen Suizid viele andere folgen.

1980 strahlte das ZDF eine sechsteilige Fernsehreihe aus mit dem Titel „Tod eines Schülers". Er nimmt sich das Leben, indem er sich vor einen Zug wirft. In jeder Folge wird diese Selbsttötung aus einem anderen Blickwinkel beschrieben: aus Sicht der Eltern, der Klassenkameraden, der Lehrerinnen. Das öffentlich-rechtliche Filmprojekt sollte dazu beitragen, dass Schulprobleme ernster genommen werden und dass es bessere Unterstützung für traurige, einsame und verunsicherte junge Menschen gibt. Aber es gab noch eine andere Folge: Nach der Ausstrahlung stieg die Zahl der 15- bis 19-jährigen Jungen, die sich durch einen Suizid im Bahnbereich das Leben nahmen, um 175% an, also um mehr als das Zweieinhalbfache! Nach einer zweiten Ausstrahlung 1982 stieg die Zahl der Suizide bei Schülern wieder an, um mehr als das doppelte.[44] Das ZDF gab ein Gutachten in Auftrag, das eine direkte Schuld der Serie zwar zurückwies. Doch es ist wohl so: Viele dieser Jugendlichen könnten heute noch leben, wenn es diese Sendereihe nicht gegeben hätte. Eine erschütternde Erkenntnis! Die Serie wurde mit dem Grimme-Preis ausgezeichnet, aber auch für 30 Jahre aus Furcht vor Schüler-Suiziden für eine Video-Veröffentlichung gesperrt.

---

44 www.fernsehlexikon.de/5165/tod-eines-schuelers/ (zuletzt abgerufen: 10.7.2023).

Aufgrund vieler ähnlicher Erfahrungen haben sich Zeitungs-verlage, Radio-und Fernsehsender im Pressekodex des Deut-schen Presserats verpflichtet, so wenig wie möglich über Selbst-tötungen zu berichteten, weil solche Berichte weitere Suizide nach sich ziehen würden. Ausnahmen werden nur gemacht, wenn sich Prominente das Leben nehmen, etwa der National-torhüter Robert Enke 2009 oder der hessische Finanzminister Thomas Schäfer 2020. Diese Ausnahmen werden aber immer mit dem deutlichen Hinweis verbunden, wo Menschen bei Su-izidgedanken Hilfe bekommen können. Selbst wer bei einer Google-Suche das Wort „Suizid" eintippt, erhält sofort diesen Warnhinweis. Auch auf den ersten Seiten dieses Buchs ist er zu finden. Niemand möchte schuld daran sein, dass andere Men-schen zur Selbsttötung verleitet werden. Diese Hinweise helfen aber nur zu einem gewissen Teil: Nach der Selbsttötung von Robert Enke stieg die Suizidrate in Deutschland trotz aller Ver-weise auf Hilfeangebote deutlich spürbar an.[45] Suizide werden also tatsächlich durch die Berichterstattung beeinflusst, wenn nicht sogar ausgelöst. Man kann mit Fug und Recht sagen: Su-izid ist ansteckend. Folglich fragte der Präsident der Bundesärz-tekammer Klaus Reinhardt: „Wenn Suizid ansteckend ist, was ist daran frei verantwortlich?!"[46]

Der Deutsche Pflegerat wies darauf hin, dass künftig verstärkt mit „Abschiedsfeiern" im Vorfeld eines assistierten Suizids zu

---

[45] Um 15,5% in den ersten Wochen danach, im Folgemonat noch um 10,7%, so berichtet die Zeit: www.zeit.de/gesellschaft/ zeitgeschehen/2010-11/enke-selbstmord-werther?utm_referrer= https%3A%2F%2Fwww.google.de%2F (zuletzt abgerufen: 10.7.2023).
[46] 2. Kamingespräch zum Assistierten Suizid , www.diakonie-wissen.de/ web/grp/assistierter-suizid (zuletzt abgerufen: 10.7.2023).

rechnen ist.[47] Das bedeutet: Die Familie feiert noch einmal ein großes Fest, bevor der oder die Angehörige sich die todbringenden Medikamente zuführt. Dies könnte auch in Pflegeeinrichtungen geschehen. Aber das wird dort auch den Sterbewillen anderer beeinflussen! Deshalb sollten wir Bewohnerinnen und Bewohner in Pflegeeinrichtungen dringend darum bitten, dort auf solche Feste zu verzichten, um nicht bei ihren Nachbarinnen und Nachbarn die Überlegungen zum Suizid anzufachen.

Hinzu kommt: Menschliche Entscheidungen sind nie nur vernunftgesteuert, sondern haben immer auch mit unseren Gefühlen und den uns umgebenden Menschen und den Lebensumständen zu tun. Wir handeln manchmal, um anderen zu gefallen, um andere zu ärgern oder weil wir einen vermeintlich leichteren Weg gehen wollen. Dies tun wir schon im normalen Alltag und erst recht, wenn wir stark unter Druck stehen, Angst haben oder in Sorge sind. In extremen Ausnahmesituationen wie schwerer Krankheit, längerem Leiden oder großer Einsamkeit sind wir zudem stark von anderen beeinflussbar.

Solch eine Ausnahmesituation ist auch, wenn jemand in ein Pflegeheim einzieht. Dies ist ein sehr tiefer Einschnitt in das bisherige Leben. Wir beobachten das bei nahezu jedem Einzug in eines unserer Seniorenheime. Das Sich-Hineinfinden und Sich-Einleben wird deshalb sorgsam begleitet. Dabei erleben wir oft eine Situation wie diese: Eine ältere Dame ist eingezogen. Sie hat altersgemäße Gebrechen. Es geht ihr eigentlich nicht schlecht, sie kann aber nicht mehr alleine leben.

---

47 https://deutscher-pflegerat.de/2021/04/15/
moegliche-neuregelung-der-suizidassistenz/
(zuletzt abgerufen: 10.7.2023).

Nun muss sie sich an das neue Leben gewöhnen. Lieber wäre sie noch selbständig. Im Pflegeheim ist ja leider nicht mehr alles so machbar wie zu Hause. Sie spürt bitter, was sie verloren hat. Und sie weiß: Jeder Tag im Seniorenheim ist teuer. Sie muss monatlich etwas zuzahlen, und das wird nach und nach ihr Häuschen „auffressen". Sie hat Kinder, sie hat Enkel. Sie würde gerne etwas vererben. Sie möchte ihren Kindern nicht auf der Tasche liegen und sie möchte ihnen nicht zu Last fallen. Wenn diese Dame nun erklärt, dass sie sterben will: Ist das dann selbstbestimmt? Oder aus einem seelischen Tief heraus, also krankheitsbestimmt durch eine depressive Phase? Wird ihr Wunsch eventuell sogar unbewusst mitbestimmt vom Verhalten der Familie? Es wird schwer sein, das herauszufinden. Zumal wir die privaten Gespräche, die diese Dame mit ihren Kindern führt, nicht miterleben. Verstärken die Kinder die Geldsorgen der Mutter unwissentlich, indem sie bei jedem Besuch davon erzählen, wie teuer das Studium der Enkel ist? Bestärken sie die Mutter auch darin, wie schön es doch wäre, immer noch Zuhause leben zu können? Oder vermitteln sie der Mutter im Gegenteil: „Wir wollen dich so lange wie möglich haben und freuen uns, dass du hier gut umsorgt bist!"

Gerade Menschen, die unter depressiven Phasen leiden – und das geht den meisten, die in ein Pflegeheim einziehen, in den ersten Wochen so! – sind sehr empfänglich für Botschaften, die die Schwermut noch verstärken. Es gilt in der Seelsorge quasi als Kunstfehler, einen depressiven Menschen darin zu bestärken, dass die Weltlage bedrückend und das Leben schwer ist. Dadurch gerät er doch immer noch tiefer in den seelischen Strudel von Trauer, Angst und Ausweglosigkeit. Wird stattdessen versucht, schöne Erlebnisse zu vermitteln und zu unterstreichen: „Du bedeutest mit sehr viel!", verstärken sich die dunkeln Gedanken nicht so leicht.

Von Depression bedroht sind Menschen auch, wenn sie eine schwere Krankheitsdiagnose bekommen. Sie haben Angst davor, was nun werden wird, welche Leidensstrecke vor ihnen liegt und ob es jemals wieder gut werden kann. Diese dunklen Gedanken und die Verzweiflung können von Familie oder Freundeskreis verstärkt und vertieft werden. Ebenso aber kann das Umfeld wohltuend, stabilisierend und ermutigend wirken. Hier liegt in der Tat eine große Verantwortung bei den Angehörigen und bei denjenigen, die in Praxen und Krankenhäusern Menschen begleiten.

Für einen Suizid spielen Einflüsse von außen eine immens wichtige Rolle, die nicht zu unterschätzen ist. Zudem wissen wir, dass nahezu 90% derer, die sich das Leben nehmen, an einer psychischen Erkrankung leiden.[48] Deshalb sind die meisten Suizide in der Tat nicht selbstbestimmt, sondern sie sind „fremd mitbestimmt" oder „krankheitsbestimmt".

Die Entscheidung zum assistierten Suizid kann also stark beeinflusst sein von der Berichterstattung in den Nachrichten, vom Wohnort, von der Familiengeschichte, von Krankheiten oder von anderen Suiziden. Es ist in fast allen Ländern, die die Suizidbeihilfe erlaubt haben, zu beobachten, dass immer mehr Menschen diese dann wahrnehmen. Dies hängt aller Wahrscheinlichkeit nicht nur damit zusammen, dass der Staat ih-

---

48 Nationales Suizidpräventionsprogramm, Offener Brief zur möglichen Neuregelung der Suizidassistenz an den Bundesgesundheitsminister, Wittenberg September 2020.

nen nun eine selbstbestimmte Entscheidung ermöglicht hat. Sondern auch damit, dass mehr über den assistierten Suizid berichtet und diskutiert wird, dass Nachbarn diesen Schritt gegangen sind oder dass in sozialen Netzwerken Tipps und Trends weitergegeben werden. Eine Kollegin, die ein Hospiz leitet, berichtete, dass bereits mit der Berichterstattung über das Urteil des Bundesverfassungsgerichts die Nachfrage nach assistiertem Suizid in ihrer Einrichtung spürbar gestiegen ist.

Wie kann nun sichergestellt werden, dass ein Mensch die Bitte um Suizidassistenz wirklich aus freien Stücken äußert und dass tatsächlich ein stabiler, selbstbestimmter Sterbewunsch vorliegt? Dass das Gesetzgebungsverfahren im Deutschen Bundestag so lange dauert, hängt sicherlich auch damit zusammen, dass dies nicht einfach zu ermitteln ist. Ohne ärztliche Fachkenntnis – günstigstenfalls aufgrund einer langjährigen Ärztin-Patientin-Verbindung – wird das nicht zu beurteilen sein. Und selbst in der psychologischen Wissenschaft ist umstritten, woran „selbstbestimmtes Handeln" sicher zu erkennen ist.

Und noch eine Bemerkung: „Selbstbestimmt" bedeutet nicht immer „klug und richtig"! Wie oft treffen wir selbstbestimmte Entscheidungen, die sich im Nachhinein als ziemlich falsch erweisen. Auch dies lässt sich im Zusammenhang mit dem Thema „Suizid" zeigen: Zwar wiederholt jede dritte Person einen nicht gelungenen Suizidversuch. Aber mindestens zwei von dreien tun dies eben nicht, sondern gewinnen neu Hoffnung auf das Leben.[49] Wie viele Leben könnten gerettet werden,

---

49 https://www.bzga-essstoerungen.de/fileadmin/user_upload/bzga-ess-stoerungen/downloads/materialien/Themenblatt_Essssto%CC%88run-gen_Suizidpraevention_Stand_02.22.pdf (zuletzt abgerufen 10.7.2023).

wenn wir mehr Vorsorge und Beratung hätten und wenn mehr
Sorgfalt darauf verwendet würde, die Hintergründe eines Sterbewunsches wirklich zu kennen?!

Weil Selbst-, Krankheits- und Fremdbestimmung ineinander
übergehen, müssen wir viel Wert legen auf die Unterstützungs-
systeme zum Leben! Wir nehmen sonst das fremdbestimmte
Sterben von Menschen in Kauf. Solange wir kein Lebensbera-
tungs-System haben, darf eine Suizidassistenz-Beratung nicht
in Gang gesetzt werden.[50]

---

50 Ähnlich auch die Deutsche Gesellschaft für Suizidprävention und der
Deutsche Hospiz- und Palliativverband in ihrem Eckpunktepapier
„Dem Leben wieder eine Chance geben. Forderungen für eine gesetzliche Verankerung der Suizidprävention", https://www.suizidprophylaxe.
de/pressemitteilung-mehr-als-40-institutionen-und-fachgesellschaf-
ten-fordern-suizidpraeventionsgesetz/ (zuletzt abgerufen: 10.7.2023).

6 Das Recht auf den eigenen Tod

Hat jeder Mensch das Recht, dem eigenen Leben ein Ende zu setzen? Die Antwort im deutschen Recht ist schon lange eindeutig: „Ja". Denn Selbsttötung ist in Deutschland nicht verboten, und ein Suizidversuch hat keine strafrechtlichen Folgen. Wer sich in unserem Land das Leben nehmen will, aber damit scheitert, hat keine Strafverfolgung zu fürchten. Es sei denn, die Art und Weise des Suizidversuchs hat andere in Gefahr gebracht. Dann interessiert sich die Justiz strafrechtlich aber für die Körperverletzung anderer und nicht für die Verletzung des eigenen Körpers.

Wer bei einem Suizidversuch gerettet wird, wird meistens in ein Krankenhaus eingeliefert. Neben dem Ziel, körperlich gesund zu werden, werden dort die seelischen Ursachen angesprochen. Dahinter steht die Hoffnung, dass der gescheiterte Suizidversuch zum Anlass genommen wird, tiefer nach den Ursachen zu suchen. Viele Menschen nehmen dieses Angebot an. Sie sind dankbar darüber, dass sie überlebt haben, denken sorgfältig über die Gründe für ihren Suizidversuch nach und bearbeiten sie mit fachlicher Begleitung. Sehr viele von ihnen werden dann Zeit ihres Lebens keinen weiteren Suizidversuch unternehmen.[51]

---

51 Siehe Kapitel 5.

Über Jahrhunderte gab es in unserem Kulturkreis eine strikte Einstellung zur Selbsttötung: Sie galt als absolut verwerflich. Wer das Leben „wegwirft", so wurde argumentiert, stellt sich gegen Gott, der das Leben geschenkt hat. Er steht damit auf einer Stufe mit denen, die andere Menschen ermorden, und wurde folgerichtig „Selbstmörder" genannt. Deshalb wurde die Beerdigung in geweihter Erde nahe der Kirche verweigert, und der Leichnam wurde außerhalb der Friedhofsmauern beigesetzt, ohne gottesdienstliche Begleitung. Die Angehörigen mussten nicht nur mit dem Entsetzen über die Art des Sterbens klarkommen, sondern zugleich auch verkraften, dass der geliebte Mensch – so die damalige Überzeugung – keine Aussicht auf ein Leben in Gottes Ewigkeit hat. Deshalb wurde ein Selbstmordversuch häufig vertuscht, damit diese „Schande" ja nicht über den engsten Familienkreis hinaus bekannt wird. Folglich gab es keine fürsorgliche Nachsorge. – Daneben standen aber auch andere Einstellungen zum Suizid: Wenn hohe Politiker, Adlige oder Militärs den „Freitod" wählten, um damit ein grobes Fehlverhalten zu sühnen, wurde dies gesellschaftlich respektiert und manchmal sogar erwartet.

Ähnlich wie im Christentum wurde im Judentum die Selbsttötung bis ins 20. Jahrhundert hinein als Tat gegen Gott gewertet. Den so Verstorbenen wurden die Bestattungsriten verwehrt. Nur wenn jemand durch die Selbsttötung dem erzwungenen Übertritt zu einer anderen Religion entkommen wollte, galt dies als ehrenhaftes Bekenntnis zu Gott.

Auch der Islam lehnt die Selbsttötung ab. Andere Religionen beurteilen sie eher neutral, und in manchen Gesellschaften wurde die Selbsttötung Älterer geradezu erwartet.[52]

Unser heutiger Blick auf Selbsttötungen ist viel barmherziger geworden als im Mittelalter, aber zusätzlich viel weniger beschönigend oder romantisierend. Entscheidend dafür sind die Erkenntnisse über psychische Erkrankungen. Denn mittlerweile kennt man den Zusammenhang von Suiziden mit psychischen Krankheiten wie Depressionen oder Schizophrenie. Menschen, die ihrem Leben ein Ende setzen, wollen sich nicht bewusst von Gott abkehren oder sich besonders heldenhaft verhalten. Sondern sie töten sich selbst, weil sie keinen anderen Ausweg mehr sehen können. In ihrer Seele toben extreme Ängste, tiefste Hoffnungslosigkeit und eine dunkle Aussichtslosigkeit. Wer selbst noch keine Depressionen erlebt hat, kann nicht wirklich nachvollziehen, welche inneren Auswirkungen diese fürchterliche Krankheit hat. Gelegentliche „traurige Phasen" sind keine Depression. Depression ist eine gefährliche Krankheit, die sehr häufig tödlich endet. Depressive Menschen brauchen dringend ärztliche Behandlung. Fachleute sagen: Wer sich länger als 14 Tage traurig fühlt, sollte sich umgehend in ärztliche Behandlung begeben. Weil mit der Depression meistens extreme Antriebslosigkeit verbunden ist, müssen in der Regel die Angehörigen mit Nachdruck dafür sorgen.

---

52 Weitere Informationen zur Deutung des Suizids in Geschichte und Gegenwart z.B. in Thomas Macho, Das Leben nehmen. Suizid in der Moderne, Berlin, 2. Auflage 2017.

Die angemessene Reaktion auf den Sterbewunsch eines Menschen ist daher nicht so sehr die theoretische Diskussion darüber, ob dazu ein grundsätzliches Recht besteht. Sondern die richtige Reaktion auf diesen Wunsch ist, herauszufinden, ob eine psychische Krankheit erkannt und gut behandelt werden muss! Deshalb ist es wichtig, dass auch bei der Bitte um assistierten Suizid sehr genau geprüft wird, ob nicht eine seelische Erkrankung dahintersteckt. Dann ist es geboten, dem Wunsch eben *nicht* zu entsprechen und stattdessen auf eine Behandlung der Ursachen hinzuwirken. Die Behandlung seelischer Erkrankungen hat in den vergangenen Jahrzehnten sehr gute Fortschritte gemacht. Eine Kombination aus Medikamenten und Gesprächen hat schon vielen Menschen aus diesem seelischen Tief herausgeholfen.

Selbstbestimmt ist ein Suizid leider nur sehr selten, sondern sehr häufig krankheitsbestimmt. Und deshalb fördert ein schneller Zugang zum assistierten Suizid gerade nicht die Selbstbestimmung. Im Gegenteil: Er verhindert, dass Menschen so geholfen werden kann, dass sie wieder Freude am Leben gewinnen.[53] Es wäre kaum nachvollziehbar, wenn es ein flächendeckendes, von hauptamtlichen Fachleuten bestücktes Netz von Beratung geben würde für diejenigen, die sterben wollen – aber diejenigen, die eine Depression behandeln lassen wollen, weiterhin lange auf einen Termin in der Facharztpraxis

---

53 Der Comedian Torsten Sträter ist Schirmherr der Deutschen Depressionsliga und wirbt eindringlich dafür, über Depressionen zu sprechen und sich in ärztliche Behandlung zu begeben. „Menschen, die aus der Krise herausgekommen sind, können auch wieder Freude am Leben empfinden." www.depressionsliga.de/ueber-uns/torsten-straeter/ (zuletzt abgerufen: 10.7.2023).

warten müssten. Denn die Wartezeit dort beträgt derzeit im Durchschnitt knapp ein halbes Jahr![54]

Das Recht auf den eigenen Tod ist unbestritten. Aber die Hilfe zum Leben darf erschwert sein, nur weil dies für Staat und Krankenkassen teuer ist!

---

54 Stand 2022, vgl. www1.wdr.de/nachrichten/psychotherapie-platzsuche-tipps-100.html (zuletzt abgerufen 10.7.2023).
In ländlichen Räumen beträgt die Wartezeit sogar bis zu einem Jahr, vgl. www.tagessschau.de/inland/gesellschaft/psychotherapie-platz-101.html (zuletzt abgerufen: 10.7.2023).

7 Suizidassistenz praktisch

Seit dem Urteil des Bundesverfassungsgerichts haben alle Menschen in Deutschland ein Recht auf Unterstützung beim Suizid. Wie sieht diese Unterstützung in der Praxis aus?

In der Theorie mag man sich noch andere Formen der Beihilfe zur Selbsttötung vorstellen, aber letztlich geht es darum: einem anderen Menschen ein tödliches Medikament zu vermitteln und dafür zu sorgen, dass er es selbständig einnehmen und dann schmerzfrei sterben kann. In der Regel wird dafür ein extrem hoch dosiertes Schlafmittel verwendet, das entweder als Tablette oder Flüssigkeit geschluckt oder als Infusion verabreicht wird.

Solche Medikamente sind nicht im freien Handel erhältlich und können auch nicht ohne weiteres verschrieben werden. Ärztinnen und Ärzte, aber auch Suizidhilfevereine, die Menschen Suizidassistenz ermöglichen wollen, geben solche Medikamente derzeit in einem rechtlich nicht geregelten Rahmen heraus.

Wichtig ist aber: Nach deutschem Recht muss der oder die Sterbewillige das Medikament eigenhändig einnehmen und die letzte Handlung, die zum Tod führt, selbsttätig ausführen. Das ist eine deutliche Abgrenzung zur aktiven Sterbehilfe bzw.

Tötung auf Verlangen: Wer aktiv zum Sterben hilft, führt den endgültigen Handgriff anstelle des sterbewilligen Menschen aus und setzt beispielsweise eine Spritze mit einer todbringenden Substanz. In Deutschland ist dies verboten, in Nachbarländern wie den Niederlanden aber möglich. Nach deutschem Rechtsverständnis muss ein Suizid ein Suizid bleiben und nachweislich ein Sterben *durch die eigene Hand* sein. Die Tablette mit einer tödlichen Substanz muss eigenständig geschluckt oder der Infusionshahn selbst aufgedreht werden. Wer Suizidhilfe leistet, besorgt das Medikament und reicht es an. Es geht um Beihilfe, um Assistenz – keinesfalls um mehr.

In Deutschland wird eine klare Grenze zwischen Suizidbeihilfe und Tötungsdelikten gezogen. Ein Mensch darf einen anderen nicht aktiv zu Tode bringen, selbst wenn dieser das ausdrücklich wünscht und so dokumentiert hat. Denn die Gefahr, dass jemand versucht, einen Mord oder einen Totschlag als „Sterbehilfe" zu tarnen, ist durchaus groß und soll deshalb unterbunden werden.

Die Grenzen zwischen assistiertem Suizid und aktiver Sterbehilfe sind aber möglicherweise doch fließender als gedacht. Wer sterben will, aber aufgrund einer körperlichen Einschränkung nicht in der Lage ist, eigenständig zu schlucken oder einen Infusionshahn zu öffnen, ist darauf angewiesen, dass das Medikament gespritzt oder der Hahn geöffnet wird. Dies betrifft beispielsweise Menschen mit Krankheiten, die Lähmungen zur Folge haben. Nach aktuellem Rechtsstand können sie keine Suizidbeihilfe in Anspruch nehmen.

Denkbar ist darüber hinaus: Jemand hat einen stabilen Sterbewunsch und will dem Leben ein Ende setzen, kann aber

den entscheidenden letzten Handgriff doch nicht selbst auf-
führen, weil es eine innere Blockade gibt. Dennoch kann der
Sterbewunsch stabil bleiben, sodass jemand nicht nur für die
Beschaffung des Medikaments, sondern auch für die letzte
Handreichung Assistenz einfordert: „Öffne für mich den Infusionshahn!" Befinden wir uns dann im Bereich der Assistenz,
die erlaubt wäre, oder im Bereich der aktiven Sterbehilfe, die
strafrechtlich verfolgt würde?

Nicht alle diese Betroffenen können nachvollziehen, warum
sie keine Hilfe zum selbstbestimmten Sterben erhalten sollen,
zumal das Bundesverfassungsgericht diesen Anspruch mit der
Menschenwürde verknüpft hat. Es ist daher wohl nur eine Frage der Zeit, wann die ersten Klagen eingehen und die ersten
Urteile gesprochen werden. Einige forderten bereits kurz nach
dem Urteil des Bundesverfassungsgericht, nun auch die aktive
Sterbehilfe zuzulassen.[55]

Aus den Niederlanden weiß man: Viele Menschen ziehen die
aktive Sterbehilfe vor, weil sie dann sicherer sind, dass „es
klappt". Sie trauen einer medizinischen Fachkraft, die eine Giftspritze setzt, mehr als einer Tablette, die sie selbst schlucken.

Ein weiteres Problem sollte nicht außer Acht gelassen werden:
Wer stellt sicher, dass die tödlichen Medikamente wirklich von
dem Menschen eingenommen werden, für den sie bestimmt
sind? Hintergrund dieser Frage ist eine Wunschvorstellung,
die viele Menschen äußern: „Ich hätte am liebsten eine Tablette

---

55 So der Jura-Professor Henning Rosenau aus Halle, www.ekmd.de/
aktuell/nachrichten/rechtswissenschaftler-fordern-umfassende-
sterbehilfe-regelung.html (zuletzt abgerufen: 10.7.2023).

im Nachttisch, die ich dann einnehmen kann, wenn ich denke: Jetzt ist der richtige Zeitpunkt zu gehen." Danach sehnen sich viele Menschen: Eine Art „Notausgangstür" aus dem Leben zu haben. Aber dürfen solche Medikamente einfach zu Hause gelagert werden? Und wer stellt sicher, dass diese Tablette nur und ausschließlich von dem Menschen eingenommen wird, der sie für den Eigenbedarf erhalten hat? Abgesehen davon, dass solche Medikamente extrem sicher aufbewahrt werden müssten, um eine zufällige Einnahme – etwa durch Kinder – auszuschließen: Eine solche Tablette kann als Mordwerkzeug benutzt werden, ist leicht anzuwenden und schwer nachzuweisen. Ob wir bald dazu am Sonntagabend einen „Tatort" im Fernsehen sehen können?

Die Sorge, dass todbringende Medikamente zweckentfremdet werden, ist aber nicht nur eine Drehbuch-Idee. Sie begegnet mir ernsthaft dort, wo Kinder und Jugendliche mit Behinderungen begleitet werden. Ich höre von den Mitarbeitenden in unseren Einrichtungen: „Viele der Eltern haben große Angst davor, dass sie irgendwann sterben und ihre behinderten Kinder ohne sie durchs Leben kommen müssen. Sie können sich nicht vorstellen, dass die Kinder das alleine, ohne ihre Eltern schaffen. Deshalb ist nicht auszuschließen, dass Elternteile das Sterbemedikament offiziell für sich besorgen, es dann aber ihrem behinderten Kind verabreichen." Auszuschließen ist das in der Tat nicht, und deshalb muss der Gesetzgeber meines Erachtens hier besondere Vorsicht walten lassen.

Was vielen, die sich Suizidbeihilfe wünschen, im Vorfeld nicht bekannt ist: War eine assistierte Selbsttötung erfolgreich, erfolgt eine polizeiliche Untersuchung. Es handelt sich ja nicht um eine natürliche Todesursache. Deshalb muss festgestellt werden: Hatte der verstorbene Mensch tatsächlich einen stabilen Sterbewunsch? Lässt sich das sicher nachweisen? Oder hat nicht doch eine andere Person den Tod herbeigeführt? Handelt es sich vielleicht um einen Unfall, um Totschlag oder sogar Mord?

Wer es einmal selbst in der Familie erlebt oder in der Notfallseelsorge eine – wie es in der Fachsprache heißt – „unklare Todesursache" begleitet hat, weiß, was dann abläuft und wie belastend das für die Angehörigen ist: Sie sind noch im Schock darüber, dass ein geliebter Mensch verstorben ist. Sie rufen den notärztlichen Dienst herbei. Wenn nicht mit Gewissheit eine natürliche Todesursache erkannt werden kann, wird umgehend die Polizei informiert. Die riegelt das Sterbezimmer ab. Der verstorbene Mensch wird untersucht, die Angehörigen werden befragt, eventuell zusätzlich die Hausarztpraxis oder andere Zeugen. Möglicherweise wird der Leichnam beschlagnahmt und obduziert. Erst wenn die Staatsanwaltschaft die Situation untersucht und geklärt hat, wird der Leichnam freigegeben. Diese Untersuchung kann wenige Stunden, aber auch mehrere Tage dauern.

Beim assistierten Suizid muss ebenfalls untersucht werden, ob alles mit rechten Dingen zuging – um ein Verbrechen auszuschließen.[56] Deshalb folgt auf das erhoffte friedliche Sterben oft eine beschwerende Untersuchung. Viele Angehörige sind davon völlig überrascht. Sie dachten, in Ruhe noch Abschied nehmen zu können, und müssen stattdessen der Polizei das

---

56 Manche Suizidhilfevereine kündigen daher der Polizei schon im Vorfeld an, dass eine Suizidassistenz stattfinden wird. Wie diese damit umgeht, dafür gibt es kein verbindliches Verfahren.

Feld überlassen, Unterlagen herbeiholen und möglicherweise Verdächtigungen ausräumen. Auch in Pflegeheimen, Krankenhäusern und Hospizen wäre dieses Vorgehen verpflichtend. Damit werden dann aber nicht nur die Angehörigen, sondern auch Pflegekräfte sowie die Zimmernachbarschaft in die Situation hineingezogen.

„Sie können mir das Medikament ja heimlich geben. Wir müssen das doch nicht an die große Glocke hängen." Diese Vorstellung verkennt, dass es ohne „große Glocke" nicht gehen wird. In unseren Senioreneinrichtungen geschieht es schon jetzt gelegentlich, dass die Polizei kommt und untersucht, ob ein Mensch wirklich natürlich gestorben ist. Diese Sorgfalt ist sehr wichtig und dient der Sicherheit des Pflegepersonals, dem niemand Pflichtversäumnisse nachsagen soll. Aber sie ist immer mit großer Unruhe für alle Nachbarinnen und Nachbarn verbunden, und natürlich wollen sie später informiert werden, ob wirklich alles mit rechten Dingen zuging.

Künftig wird es solche Situationen und die damit verbundenen seelischen Belastungen wohl häufiger geben, weil jeder assistierte Suizid in einem Pflegeheim, einem Hospiz oder Krankenhaus polizeilich untersucht wird. Gleichzeitig wird der Bedarf an Seelsorge und Begleitung steigen. Wir vergrößern deshalb nun unser Seelsorgeteam, um darauf vorbereitet zu sein und die Zimmernachbarschaft, aber auch die Mitarbeitenden gut begleiten zu können. Allerdings ist die Altenpflege immer knapper finanziert, und wir stemmen schon jetzt die Seelsorge aus Spendenmitteln. Wenn künftig durch vermehrte Suizidassistenz nun noch mehr Bedarf an stützender, aufklärender und nachsorgender Begleitung entstehen wird – nicht nur in kirchlichen Einrichtungen, sondern in allen – muss der

Gesetzgeber aus meiner Sicht auch dafür sorgen, dass diese zusätzliche Aufgabe durch die Pflegesätze ermöglicht und ordentlich honoriert wird.

Der assistierte Suizid ist keine „natürliche" Todesursache, und er kann nicht „still und leise" vollzogen werden. Die Begleitumstände sind für die Angehörigen und die Nachbarschaft nicht wirklich ruhig. Wer immer diesen Schritt plant, sollte das wissen und sich und andere darauf vorbereiten.

8 Wer leistet Suizidassistenz?

Was wissen wir über Menschen, die Beihilfe zur Selbsttötung leisten? Wer sind sie, was treibt sie an? Es gibt dazu bisher nur wenig Fachliteratur[57], doch Fernsehreportagen und Zeitungsartikel lassen einige Rückschlüsse zu.

In der *Schweiz* verordnen Ärztinnen bzw. Ärzte zwar das tödliche Medikament, sie reichen es aber in der Regel nicht selbst an. Dieser Aufgabe haben sich mehrere Suizidhilfevereine verschrieben, in denen sich Menschen als „Freitod-Begleitpersonen" engagieren. Sie beraten Sterbewillige und bringen ihnen auch das todbringende Medikament, meist nach Hause. Solche Begleitungen umfassen manchmal nur wenige Termine, können sich aber auch mit vielen Gesprächen über einen längeren Zeitraum hinziehen. Die Freitod-Begleitpersonen erhalten vom Suizidhilfeverein ein Honorar, je nach Aufwand. Je länger eine Begleitung dauert, desto höher ist das Honorar. Es können leicht vierstellige Summen zusammenkommen.[58] Die Begleitpersonen werden vom Verein geschult und vorbereitet. Viele von ihnen sind Rentnerinnen und Rentner, die in ihrem eige-

---

57 Das ist bei anderen Berufen im Kontakt mit Menschen anders: Warum sich jemand für den Arzt-, den Pflege-, den Pfarrberuf entscheidet, ist gut erforscht.
58 Siehe Kapitel 9.

nen familiären Umfeld Suizidbeihilfe erlebt haben und es todkranken Menschen ermöglichen wollen, auch so zu sterben.[59]

In der Schweiz wurde vor einigen Jahren darüber diskutiert, ob die Suizidhilfevereine bzw. ihre Mitarbeitenden vom Staat kontrolliert werden sollen. Anlass war die Stellungnahme der Nationalen Ethikkommission zu „Sorgfaltskriterien im Umgang mit Suizidbeihilfe" von 2006. Diese Kommission empfahl, Suizidhilfeorganisationen zu kontrollieren, um Missbrauch der straffreien Suizidbeihilfe vorzubeugen. Eine entsprechende gesetzliche Regelung kam aber nicht zustande.

Laut Selbstauskunft des Suizidassistenz-Vereins „Deutsche Gesellschaft für Humanes Sterben" belaufen sich die Kosten für eine Suizidassistenz in Deutschland derzeit auf rund 4.000 Euro Honorar für die beteiligten Ärztinnen und Juristen.[60] Eine Kontrolle derer, die auf Honorarbasis Suizidbeihilfe anbieten, ist aus meiner Sicht unumgänglich! Es muss zum Beispiel verbindlich sichergestellt sein, dass die Selbstbestimmung auch überall nach den neuesten Erkenntnissen und nach gleichen Maßstäben geprüft wird. Es muss auch mit den ausgegebenen Medikamenten sorgsam umgegangen werden. In Deutschland werden Pflegeheime regelmäßig von der sogenannten „Heimaufsicht" und den Krankenkassen begutachtet, ob sie fachlich gute und sachgemäße Leistungen anbieten und die Lebensqualität der Bewohnerinnen und Bewohner hochhalten.[61] Es

---

59 www.swissinfo.ch/ger/die-sterbehelfer---was-sind-das-fuer-menschen-/46371844 (zuletzt abgerufen: 10.7.2023).
60 www.dghs.de/fileadmin/content/07_presse/01_Presseerklaerungen/pdf/21022022_Statement_Rossbruch.pdf (zuletzt abgerufen 10.7.2023).
61 Siehe Kapitel 16.

ist doch nur recht und billig, dass auch diejenigen, die den Tod bringen, sich solcher Kontrolle stellen müssen!

In den *Niederlanden* liegt die Suizidbeihilfe in (haus-)ärztlichen Händen. Es wurde ein Beratungssystem für die Ärzteschaft aufgebaut, sodass sie eine kollegiale Beratung in Anspruch nehmen können.[62] Eine Kommission kontrolliert, ob bei den Suizidbegleitungen alles korrekt zuging und leitet ggf. Maßnahmen gegen die beteiligten Ärzte und Ärztinnen ein, wenn dies nicht der Fall war. Rund die Hälfte aller Medizinerinnen und Mediziner in den Niederlanden lehnt es nach aktuellem Stand ab, sich an Suizidbeihilfe bzw. aktiver Sterbehilfe zu beteiligen. Diejenigen, die es sich vorstellen können, wollen in der Regel zwar Krebs- oder anderen Schwerstkranken Suizidhilfe leisten, die meisten lehnen es aber für psychisch kranke oder demente Menschen ab.[63]

Sollen in Deutschland künftig auch Mitarbeitende in Kirche und Diakonie Suizidbeihilfe leisten? Nach dem Urteil des Bundesverfassungsgerichts von 2020 wurde intensiv darüber diskutiert. Evangelische Kirche und Diakonie hatten bis dahin – gemeinsam mit der katholischen Kirche und der Caritas – organisierten assistierten Suizid grundsätzlich abgelehnt.[64] Vereinzelt hatten Persönlichkeiten der evangelischen Kirche

---

62 www.uni-muenster.de/NiederlandeNet/nl-wissen/soziales/sterbehilfe/ aerzte.html (zuletzt abgerufen: 10.7.2023).

63 https://www.deutschlandfunk.de/sterbehilfe-in-den-niederlanden- mein-tod-gehoert-mir-100.html (zuletzt abgerufen: 10.7.2023).

64 Ein Überblick bei Stefanie Schardien (Hg.): Mit dem Leben am Ende. Stellungnahmen aus der kirchlichen Diskussion in Europa zur Sterbe- hilfe, Göttingen 2010.

dies schon seit längerer Zeit anders beurteilt, etwa der Hannoversche Landesbischof Ralf Meister oder der frühere rheinische Präses Nikolaus Schneider. Beide haben sehr unterschiedliche Begründungen für ihre Haltung.[65]

Anfang Januar 2021 veröffentlichte der Präsident der Diakonie Deutschland, Ulrich Lilie gemeinsam mit anderen in der Frankfurter Allgemeinen Zeitung den Vorschlag, dass evangelische Pflegeeinrichtungen und Hospize künftig Assistenz zum Suizid anbieten sollen. Der Vorschlag wurde dreifach begründet:

1. Die Selbstbestimmung des Menschen sei auch ein hohes *christliches* Gut.
2. Die Kirche habe sog. „Selbstmörder" über Jahrhunderte hinweg abwertend behandelt. Dies sei wieder-gut-zu-machen.
3. Diakonische Einrichtungen könnten den assistierten Suizid einbinden in ihre Seelsorgekompetenz und in ihre Begleitungssysteme.

Es wurde vorgeschlagen, dass in den Einrichtungen Teams gebildet werden, die aus verschiedenen Fachrichtungen bestehen, z.B. Seelsorgerin, Pfleger, Ärztin. Sie sollten die Beratung im Vorfeld übernehmen und für die Durchführung der Suizidassistenz ausgebildet werden und bereitstehen. Dieser Vorschlag wurde sehr kontrovers diskutiert. Während einige dia-

---

65 Nikolaus Schneider und Anne Schneider, Vom Leben und Sterben. Ein Ehepaar diskutiert über Sterbehilfe, Tod und Ewigkeit, Neukirchen-Vluyn 2019.
Ralf Meister äußerte sich etwa im Interview mit dem SPIEGEL am 26. August 2020.

konische Einrichtungen Zustimmung signalisierten,[66] lehnten andere diese Vorschläge deutlich ab.[67]

Wir im Neukirchener Erziehungsverein haben unsere Ablehnung so begründet: Die Freiheit des einzelnen Menschen, die Selbstbestimmung ist uns ein hohes Gut. Ebenso die seelsorgerliche Begleitung in Krisenzeiten und auf der letzten Etappe des Lebens. Wir tragen aber neben der Verantwortung für die Einzelnen mit ihrer Freiheit zum Sterbewunsch zugleich auch Verantwortung für weitere Menschen: für unsere Mitarbeitenden, denen wir die psychische Belastung nicht zumuten wollen, am Sterben von Menschen mitzuwirken. Wir sorgen uns auch, dass Suizidbeihilfe zu Spannungen in den Teams führen würde, denn nicht alle könnten eine Beteiligung mittragen. Auch für die Zimmernachbarinnen und -nachbarn derer, die sich den assistierten Suizid wünschen, sind wir verantwortlich. Wir dürfen nicht außer Acht lassen, dass jeder Suizid weitere nach sich zieht. Wir tragen zudem Verantwortung für Kinder und Jugendliche, die suizidgefährdet sind und die bei uns in einem Umfeld leben sollen, in dem Selbsttötungen nicht gefördert werden.

Da wir die Privatsphäre unserer Bewohnerinnen und Bewohner achten, ist eine selbst-organisierte Sterbeassistenz im eigenen Zimmer zwar nicht zu verhindern. Aber wir werden nicht selbst aktiv tätig. Wir lagern keine Medikamente ein, deren ein-

---

66 z.B. Diakoneo, Neuendettelsau. www.evangelisch.de/inhalte/182029/03-02-2021/diakoneo-chef-kann-sich-assistierten-suizidvorstellen (zuletzt abgerufen: 10.7.2023).

67 Die von Bodelschwinghsche Stiftung Bethel, die Johanniter, der Kaiserswerther Verband, unser Neukirchener Erziehungsverein und andere.

ziger Zweck darin besteht, einen Menschen zu töten. Wir werden unseren Mitarbeitenden nicht die Dienstanweisung geben, diese anzureichen. Wir stellen einen „sicheren Ort"[68] bereit, und unsere Bewohnerinnen und Bewohner müssen sich weder offen noch versteckt der Frage stellen, warum sie noch da sind.

Die Mitarbeitenden im Neukirchener Erziehungsverein waren dankbar für diese klare Haltung ihres Vorstands und Aufsichtsratsvorsitzenden. Einige hatten bereits Sorge, dass sie um Mitwirkung am assistierten Suizid gebeten werden könnten. Es war für sie eine große Entlastung, dass sie dies nicht befürchten müssen. Selbstverständlich kann niemand zur Suizidassistenz gezwungen werden, das hält das Bundeverfassungsgericht ja deutlich fest. Aber es könnte ja vielleicht unterschwellig von Vorgesetzten erwartet werden, und dann könnte befürchtet werden, dass eine Ablehnung zu beruflichen Nachteilen führt.

Auch der Deutsche Pflegerat, die Interessensvertretung von Pflegekräften hat sich sehr deutlich dagegen ausgesprochen, dass sich Pflegende in Krankenhäusern, Senioreneinrichtungen oder Hospizen am assistierten Suizid beteiligen. Es gehört aus seiner Sicht nicht zum Berufsbild. Pflegende lindern und stärken, aber sie helfen nicht bei Selbsttötungen.

Assistierte Suizide in Pflegeheimen, Krankenhäusern und Hospizen werden immer auch Auswirkungen haben auf die Menschen in den benachbarten Zimmern oder Wohnungen. Dass Selbsttötungen ansteckend sind,[69] darf auch für Pflegeeinrich-

68 Peter Dabrock und Wolfgang Huber, Selbstbestimmt mit der Gabe des Lebens umgehen, in: FAZ Nr. 20/2021 vom 25. Januar 2021.
69 Siehe Kapitel 5.

tungen nicht außer Acht gelassen werden. Aber noch mehr: Was würde es für das Vertrauensverhältnis zu einer Pflegerin oder einem Pfleger bedeuten, wenn bekannt ist, dass er oder sie bei einem assistierten Suizid dabei war? „Heute wäscht er mich, gestern hat er meiner Zimmernachbarin ein tödliches Medikament gegeben." Diese Erfahrung kann durchaus zu seelischen Problemen für Bewohnerinnen und Bewohner führen. Auch das ist ein Grund, warum das Pflegepersonal sich an assistierten Suiziden nicht beteiligen sollte. Offene Gespräche über Sterbewünsche und Begleitung in dunklen Seelenzeiten gehören zum Berufsbild der Pflegenden,[70] aber eben kein aktives Anreichen von todbringenden Mitteln.

---

70 Siehe Kapitel 18.

9 Eine Frage des Geldes

Ja, es geht bei diesem Thema auch ums Geld! Und zwar auf ganz unterschiedlichen Ebenen.

Hilfe zur Selbsttötung zu erhalten, ist bisher recht teuer. Bei Suizidhilfevereinen in der Schweiz oder in Deutschland kommen pro Assistenz oft Summen von mehreren tausend Euro zusammen.[71] Diese werden in der Regel nicht direkt in Rechnung gestellt, sondern durch Aufnahmegebühren in den Verein und durch Jahresmitgliedsbeiträge erhoben. Kosten entstehen den Vereinen etwa durch die Honorare für die Freitodbegleitung, mit der sich die Freitod-Begleitpersonen zum Teil ein erkleckliches Zubrot verdienen.[72] Nur wer bereit und in der Lage ist, die hohen Honorare zu zahlen, kann die Suizidbegleitung in Anspruch nehmen. Diese hohen Kosten haben viel Kritik hervorgerufen. Die Gesetzgebung des Jahres 2015, mit der die Aktivitäten der Suizidhilfevereine unterbunden wurde, hatte auch das Ziel, Bereicherung an der Beihilfe zur Selbsttötung zu verhindern.

---

71 Siehe Kapitel 8.
72 www.swissinfo.ch/ger/die-sterbehelfer---was-sind-das-fuer-menschen-/46371844 (zuletzt abgerufen:10.7.2023).

Die Suizidhilfevereine betonen auf ihren Homepages gerne, dass sie nur aus höheren Werten heraus tätig sind. Ich finde: Das wird erst dann glaubwürdig, wenn sie wirklich kostenlos tätig sind – so wie die ambulanten Hospizdienste, die mit ehrenamtlich Mitarbeitenden so wunderbare Arbeit leisten. Diese begleiten Schwerkranke beim natürlichen Sterben, oft über einen langen Zeitraum und völlig unabhängig davon, ob die Sterbenden und ihre Familien eine Spende geben oder nicht. Diese Sterbebegleiterinnen und -begleiter erhalten kein Honorar, und oft lassen sie sich noch nicht einmal die Fahrtkosten erstatten!

Das Thema „Geld" spielt aber auch gesellschaftlich eine große Rolle. Denn Altwerden und Kranksein sind teuer. In den letzten drei Jahren seines Lebens kostet ein Mensch die Krankenkassen am allermeisten. Nach einer Studie, an der die Universität Duisburg/Essen beteiligt war, machen die Gesamtkosten für die letzten drei Lebensjahre rund ein Viertel der Gesundheitskosten für die Krankenkassen aus.[73]

Inzwischen gehen die geburtenstarken Jahrgänge 1955 bis 1969 in den Ruhestand, und die große Zahl dieser Menschen, die nach und nach pflegebedürftig werden, wird ab den 2030er Jahren unser Sozial- und Gesundheitssystem erheblich belasten. Es muss sichergestellt werden, dass diese Generation nicht vorschnell darin bestärkt wird, dem eigenen Leben ein Ende zu setzen, um das System nicht zusammenbrechen zu lassen. Nicht dass ich davon ausgehe, dass jemand solchen Druck bewusst und planmäßig aufbaut! Aber indirekt und unbeabsichtigt wird er spürbar werden. Denn es liegt auf der Hand: Wenn

---

73 www.healthaffairs.org/doi/10.1377/hlthaff.2017.0174
(zuletzt abgerufen: 10.7.2023).

Menschen früher und „eigenhändig" sterben, entfallen die hohen Kosten für Pflege, medizinische Versorgung, Psychotherapie und Suizid-Vorsorge.[74] Ältere könnten sich durch dieses Wissen dazu gedrängt fühlen, früher aus dem Leben zu gehen. So wie bereits heute unterschwellig Druck auf Eltern ausgeübt wird, die sich bewusst für ein behindertes Kind entscheiden, müssten sich künftig möglicherweise auch Seniorinnen und Senioren rechtfertigen, die so lange leben wollen wie es geht.

Verstärkt würde das durch die mediale Berichterstattung: Wenn regelmäßig berichtet wird, wie sehr die hohen Kosten für die vielen Alten „aus dem Ruder laufen" und dabei Schlagworte fallen wie „Kosten-Tsunami"[75], könnten die Altwerdenden ihren Platz räumen wollen, damit sie ihren eigenen Kindern und Enkeln nicht auf der Tasche liegen. Solche Sorgen sind nicht unberechtigt! Deshalb ist es wichtig, dass alle gesellschaftlichen Gruppen dazu beitragen, das zu Ende gehende Leben weiterhin zu schützen und alten Menschen das Gefühl zu vermitteln: Die Kosten für ein Menschenleben sind zwar hoch, aber sie sind auch gut investiert, weil jedes Menschenleben kostbar ist.

Kranken- und Pflegekassen müssen viel Geld für die Versorgung investieren. Aber auch die privaten Kosten für Pflege zu Hause oder für das Leben in Senioreneinrichtungen sind hoch. Nicht immer sind sie vollständig durch die Pflegeversicherung oder private Vorsorge gedeckt. Die Situation ist zwar

---

74 Nach einer kanadischen Hochrechnung könnten dort 80 Millionen Kanadische Dollar pro Jahr durch assistierten Suizid eingespart werden. 3. Kamingespräch zum Assistierten Suizid, www.diakonie-wissen.de/web/grp/assistierter-suizid (zuletzt abgerufen: 10.7.2023).

75 https://www.altenpflege-online.net/pflegearbeitgeber-erwarten-kosten-tsunami/ (zuletzt abgerufen: 10.7.2023).

durch das Angehörigenentlastungsgesetz von 2019 besser geworden, aber alle Belastungen werden dadurch nicht aufgewogen. Viele Menschen müssen ihren mühsam erworbenen Besitz dafür heranziehen. Aber sie wollten doch etwas vererben! Es ist sicherzustellen, dass die Erben nicht den Sterbewunsch der älteren Generation verstärken mit dem Hintergedanken, es könnte auf diese Weise doch noch ausreichend Vermögen übrigbleiben.

Diese Gefahr sehe ich durchaus aufgrund der Erfahrungen, die wir leider mit manchen Familienmitgliedern von Bewohnerinnen und Bewohnern unserer Seniorenheime machen. Ohne Zweifel sind die allermeisten von ihnen grundehrliche, liebevoll-fürsorgliche Angehörige. Aber die anderen gibt es auch, und es wäre naiv, nicht mit ihnen zu rechnen. In unseren Neukirchener Kamingesprächen war dies ein wichtiges Argument der Mitarbeitenden aus den Senioreneinrichtungen: „Wir wollen nicht an einem assistierten Suizid beteiligt sein, denn wir können nicht ausschließen, dass wir von Angehörigen ausgenutzt werden, die letztlich nur früher ans Geld wollen."

Wir, die wir für unsere Seniorenheime eine aktive Teilnahme an Suizidassistenz ablehnen, müssen uns aber ebenso fragen lassen, ob wir nicht möglicherweise wirtschaftliche Gründe dafür haben. Wollen wir einfach nur die längere Belegung unserer Zimmer sicherstellen? Wir haben unsere eigenen Beweggründe geprüft und können gut begründet mit „Nein" antworten. Denn zum einen werden unsere Plätze immer dann, wenn jemand auszieht oder verstorben ist, sehr schnell wiederbelegt. Der Bedarf an guten Wohn- und Pflegeplätzen ist einfach viel zu hoch, und er wird hoch bleiben. Und zum anderen: Wir wissen nicht, ob wir uns durch die Ablehnung der aktiven Suizidbeihilfe nicht vielleicht sogar wirtschaftliche Nachteile einhandeln. Möglicherweise werden ältere Menschen lieber in andere Häuser gehen, in denen ihnen der assistierte Suizid offen angeboten wird. Das werden wir aber in Kauf nehmen – auch wegen unserer Verantwortung für Kinder und Jugendliche.[76]

76 Mehr dazu in Kapitel 12.

Mitbetroffene

10 Die Angehörigen – wie geht's ihnen?

Wenn in Fernsehreportagen oder in Zeitungsbeiträgen davon berichtet wird, wie es den Angehörigen nach dem assistierten Suizid eines nahen Familienmitglieds geht, kann leicht der Eindruck entstehen: Sie tragen diese Entscheidung nach einer längeren Zeit des Abwägens mehrheitlich mit und sind am Ende damit versöhnt.[77] Suizidhilfevereine werben gelegentlich damit, dass es für die Angehörigen leichter sei, mit einem assistierten Suizid umzugehen als mit einer „harten" Selbsttötung.

Studien aus der Schweiz zeigen aber, dass das Bild wesentlich vielfältiger ist und dass die Belastung für die Angehörigen sogar stark unterschätzt wird.[78] Nach einer sogenannten „Freitod-Begleitung" treten wesentlich häufiger psychische Störungen auf als nach einem natürlichen Tod.[79] Jede vierte Person, die einen begleiteten Suizid miterlebt, leidet selbst ein Jahr

---

77 Wie schon in der Reportage der Frankfurter Allgemeinen Sonntagszeitung, die in Kapitel 2 dargestellt wurde, beschrieben wurde.
78 Reinhold Lindner, digitaler Vortrag am 10. September 2021 beim Fachtag Suizidprävention der Diakonie Deutschland, https://youtu.be/RgDjuhr635Y (zuletzt abgerufen: 10.7.2023).
79 Ulrike Borst, Urs Hepp: Die Leiden der Angehörigen. Suizidalität und Suizid in der systemischen Therapie, in: Psychotherapie im Dialog 2012.

später noch an einer seelischen Erkrankung. Diese Menschen stellen sich jedoch in der Regel keinem öffentlichen Interview mit einer Zeitung oder einem Fernsehsender. Deshalb sollte man durchaus kritisch auf die öffentliche Berichterstattung schauen und sich fragen, ob hier nicht eine Engführung der Darstellungen besteht. Die wissenschaftlichen Untersuchungen sprechen jedenfalls eine andere Sprache als Homepages, auf denen Vereine für die Suizidassistenz werben.

Und selbst wenn berichtet wird, dass Familienangehörige die Entscheidung mittragen können: Es sind längst nicht *alle* Familienmitglieder in die Überlegungen für eine Suizidbeihilfe eingeweiht. Und es ist wirklich nicht gesagt, dass tatsächlich alle dieselbe zustimmende Haltung zum assistierten Suizid haben. Die meisten der Angehörigen werden es wohl folgendermaßen erleben: Sie sind erst erschrocken, wenn sie vom Tod eines Familienmitglieds erfahren. Dann hören sie in ihre Trauer hinein, dass es eine Selbsttötung war, und zwar eine assistierte. Und schließlich erfahren sie, dass andere Angehörige diese bereits seit längerer Zeit mit-überlegt und sogar organisiert haben. Es mag sein, dass das allseits auf Zustimmung trifft. Es ist aber mindestens ebenso gut möglich – und damit muss gerechnet werden! –, dass es für Ärger, Spannungen und ausgewachsenen Streit in der Familie sorgen wird.

Es kann zu unüberwindlichen Zerwürfnissen führen. Man stelle sich vor: Die eine Schwester wirft der anderen lautstark vor, den Tod der Mutter heimlich hinter ihrem Rücken geplant zu haben, und schreit sie an: „Du bist schuld daran, dass Mutti nicht mehr lebt! Du hast sie nicht beschützt! Wie konntest du nur!!" Ich habe als Gemeindepfarrerin eine vergleichbare Szene einmal am offenen Grab erlebt. Dann braucht es sehr lange, bis ein solcher Riss in der Familie wieder gekittet ist – wenn es überhaupt gelingt.

Durch Suizidbeihilfe wird auch das Verhältnis zwischen den Generationen auf eine harte Probe gestellt. Enkelkinder haben oft eine besonders intensive Beziehung zu ihren Großeltern. Wie werden sie reagieren, wenn sie vom Tod des Opas erfahren und davon, dass die eigenen Eltern daran mitgewirkt, es ihnen aber verheimlicht haben? Zu erwarten ist: Das wird sie seelisch tief verletzen, selbst wenn der Verstand diesen Schritt gerne verstehen möchte.

Aus meiner seelsorgerlichen Erfahrung weiß ich leider zu gut, dass ein Suizid den familiären Zusammenhalt fast immer auf eine harte Probe stellt. Denn um mit dem schrecklichen Ereignis umgehen zu können, stellen sich die Angehörigen zwangsläufig Fragen wie: „Wer hat etwas von den Sterbeplänen geahnt? Wer hätte es verhindern können? Wer war schuld?!" Ich habe mehrere Familien zerbrechen sehen, weil diese bedrückenden Fragen nicht auszuhalten waren.

Bei einem assistierten Suizid sind einige dieser Fragen zwar sehr klar zu beantworten: Der verstorbene Mensch hat es so gewollt, und der- oder diejenige aus der Familie hat es gewusst. Aber es werden dennoch nicht alle Familienangehörigen und nicht alle in Nachbarschaft und Freundeskreis die Entscheidung des Helfers bzw. der Helferin mittragen können. „Hättest du den Vater nicht abhalten können", wird gefragt werden, und: „Warum hast du uns nicht einbezogen?" So wird im Nachhinein das Vertrauensverhältnis zum verstorbenen Menschen erschüttert: „Warum hat unsere Mutter meinem Bruder vertraut, mir aber nicht?" „Warum hat der Opa meine Cousine informiert, mich aber nicht?!" Das kann im Nachhinein einen dunklen Schatten auf das gesamte gemeinsame Leben werfen: „Ich war wohl nicht so wichtig, als dass ich in diese Entscheidung einbezogen worden wäre. Meine Meinung hat anscheinend niemanden interessiert." Dass dies belastend ist, erschließt sich von selbst. Man sollte nicht damit rechnen, dass der Sterbewille eines Menschen tatsächlich von allen in der Familie verstanden und nachvollzogen wird.

Noch dramatischer wird es vermutlich, wenn es nicht um den Suizid eines alten oder kranken Menschen geht, bei dem alle damit rechnen mussten, dass das Leben bald zu Ende geht, sondern um die unterstützte Selbsttötung eines gesunden oder jungen Menschen. Das Bundesverfassungsgericht lässt dies ja ausdrücklich zu. Eine solche Todesart kann niemand letztlich nachvollziehen. Dies zu verkraften, wird sicherlich für die Angehörigen noch viel schwerer sein als bei einem harten Suizid. Dass jemand völlig verzweifelt am Bahngleis steht, ist schon eine schlimme Vorstellung. Aber kaum zu ertragen ist sicherlich, dass ein körperlich gesunder Mensch tödliche Medikamente vermittelt bekommt, ohne dass Familie oder Freunde eine winzige Chance hätten, einzugreifen. Und sollte jemand aus der Verwandtschaft von solchen Plänen gewusst haben, ohne die anderen zu informieren oder ohne fachärztliche Hilfe zu organisieren, dann wird der Familienfrieden mit an Sicherheit grenzender Wahrscheinlichkeit darüber zerbrechen.

Die Selbstbestimmung der Einzelnen ist über das eigene Leben und Sterben hinaus ja doch fest verbunden mit einer Gemeinschaft. Es darf nicht naiv erwartet werden, dass eine Entscheidung von allen mitgetragen werden kann, und sei sie noch so selbstbestimmt.

Solche familiären Auseinandersetzungen werden sich auch auf Beerdigungen auswirken. Bisher haben Bestattungsunternehmen sowie Pfarrerinnen und Pfarrer wenig Erfahrungen darin, Familien nach einem assistierten Suizid zu begleiten. Für die Vorbereitung und die Durchführung einer solchen Beerdigung wird noch viel mehr Einfühlungsvermögen nötig sein als ohnehin. Zu Trauer und Ängsten, die mit jedem Sterben eines lieben Menschen verbunden sind, kommen dann noch die unterschiedlichen Haltungen zu dieser Todesart und verwirrend aufeinanderprallende Gefühlswelten. Das alles muss gleichermaßen wahrgenommen und verarbeitet werden. Hier kommt der begleitenden Nachsorge eine große Rolle zu – damit die Angehörigen, die noch lange darunter leiden werden, nicht alleine bleiben.

Zwei Gedanken zum Schluss dieses Kapitels: Häufig bitten die alten Eltern ihre erwachsenen Kinder darum, sie bei der Selbsttötung zu unterstützen.[80] Aber ist ein erwachsenes Kind wirklich verpflichtet, den Eltern jeden Wunsch zu erfüllen? Für ein *kleines* Kind gab es keine andere Wahl, da war der Wille der Eltern quasi Gesetz. Aber ein erwachsener Mensch kann durchaus „Nein" sagen zu einem Wunsch der Eltern, wenn er der eigenen Überzeugung widerspricht. Ebenso wenig wie die Assistenz in der Eingliederungshilfe[81] nicht bedeutet, alles mitmachen zu müssen, so kann auch ein erwachsen gewordenes

---

80 Jürgen Wiebicke berichtet in seinem Buch „Sieben Heringe. Meine Mutter, das Schweigen der Kriegskinder und das Sprechen vor dem Sterben" (Köln, 3. Auflage 2021, S. 45-49) eindrücklich davon, wie er mit sich gerungen hat, ob er seinem Vater diesen Wunsch erfüllen soll, und ihn schließlich ablehnt – wodurch sein Vater noch viele weitere Lebensjahre geschenkt bekam.
81 Siehe Kapitel 13.

Kind den Eltern den Wunsch nach Suizidhilfe absprechen –
etwa in dem Wissen, dass dieser Wunsch die Familie zerreißen
wird. Für die Seelsorge gilt ähnliches: Seelsorge bedeutet wohl,
einen Menschen bedingungslos anzunehmen – aber nicht alle
Gedanken und Pläne kritiklos mitzutragen. Menschen, die sterben wollen, brauchen ein kritisches Gegenüber, das mit ihnen
auch nach anderen Wegen sucht.[82]

Und: Jene Einrichtungen, die sich aktiv an Suizidassistenz beteiligen wollen, sollten sich meiner Ansicht nach dabei nicht
gegen die Angehörigen stellen. Wenn ein Pflegeheim Suizidassistenz leistet, wäre es meines Erachtens eine wesentliche Vo-
raussetzung, dass die engsten Angehörigen einbezogen sind.
Falls die Familie nichts ahnt oder die Bitte um assistierten Suizid vielleicht selbst schon abgelehnt hat, kann ich nur davon
abraten, gegen den erklärten Willen der Angehörigen oder in
deren Unkenntnis die Suizidassistenz zu organisieren. Denn
eine enge, vertrauensvolle Kooperation mit den Familien gehört
aus gutem Grund zu den wichtigen Merkmalen eines guten
Pflegeheims. Wenn Angehörige fürchten müssen, dass hinter
ihrem Rücken einem geliebten Menschen beim Sterben geholfen wird, ist dieses Vertrauen auch über die betroffene Familie
hinaus sehr schnell verspielt. Ohne Offenheit und Klarheit wird
es nicht gehen. Zu Heimlichkeiten sollte sich ein Pflegeheim
nicht hinreißen lassen.

---

82 Ulrich H.J. Körtner, Suizidhilfe, in: Streitsache Assistierter Suizid,
    Perspektiven christlichen Handelns, Leipzig 2022, S. 106-107.

11 „Harte" Suizide verhindern?

Das ist die große Hoffnung: Wenn der Zugang zum assistierten Suizid vereinfacht ist, wird die Zahl der sogenannten „harten Suizide" zurückgehen. Dann würden sich weniger Menschen erhängen, von einer Brücke stürzen oder vor den fahrenden Zug werfen. Vielen Angehörigen blieben fürchterliche Erfahrungen erspart. Sie müssten keinen geliebten Menschen im Keller oder auf dem Dachboden in entstellter Haltung finden. Für Rettungskräfte, Feuerwehr und Polizei würde das eine große Erleichterung bedeuten. Manche Auffindesituation steckt auch kein noch so erfahrener Sanitäter und keine noch so erprobte Notärztin einfach weg. Und häufig werden Unbeteiligte hineingezogen, die einfach nur spazieren gehen und dabei eine grausige Entdeckung machen.

Besonders betroffen sind die Lokführer und Lokführerinnen. Wie viele von ihnen wurden schon seelisch krank oder sogar berufsunfähig, nachdem sie machtlos miterleben mussten, wie sich jemand vor ihren fahrenden Zug warf. Oft suchte dieser sterbewillige Mensch im letzten Moment noch Blickkontakt mit der Person im Führerstand. „Personen im Gleis" heißt oft die knappe Durchsage auf den Folgebahnhöfen, die erklären soll, warum der Zug ausfällt. Alle, die das hören, können nur ahnen, welche schrecklichen Erfahrungen der Lokführerinnen und die Zugbegleiter, die Rettungskräfte und die Angehörigen nun durchmachen.

Es wäre gut und ein Segen für viele, wenn die harten Suizide durch assistierte Suizide wirklich ein Ende hätten. Doch die Wirklichkeit zeigt bitter: Das ist leider nicht der Fall! Denn die Erfahrungen aus anderen Ländern, die schon länger die Suizidbeihilfe ermöglichen, sind ernüchternd. Hilfe zur Selbsttötung senkt die Zahl der gewaltsamen Suizide nicht! Untersuchungen aus den Niederlanden, Belgien oder dem US-Bundesstaat Oregon belegen das eindeutig. Mit der Erlaubnis zur Suizidbeihilfe bzw. der Tötung auf Verlangen nahm die Zahl der gewaltsamen Selbsttötungen keineswegs ab. Sie blieb vielmehr gleich. Und die assistierten Suizide kamen zusätzlich hinzu.[83]

Es gibt wohl nur eine Ausnahme: Die Schweiz. Hier ist seit einiger Zeit eine bestimmte Art von gewaltsamer Selbsttötung rückläufig, und zwar das Sich-Erschießen von erwachsenen Männern. Diese Zahl ist deutlich zurückgegangen. Es erschießen sich heute wesentlich weniger Männer als vor einigen Jahren. Dies hat aber nachweislich nichts mit dem dort schon seit langer Zeit möglichen assistierten Suizid zu tun. Grund ist vielmehr eine Änderung im Waffenrecht. Die Reservisten des Schweizer Bundesheeres dürfen nämlich ihre Militärwaffen nicht mehr – wie früher üblich – so einfach zu Hause aufbewahren. Seitdem die Waffen nicht mehr griffbereit sind, gehen die Selbsterschießungen von Männern zurück. Mit der Mög-

---

83 Reinhold Lindner, Vortrag am 10. September 2021 beim Fachtag Suizidprävention der Diakonie Deutschland, https://youtu.be/RgDjuhr635Y (zuletzt abgerufen: 10.7.2023).

lichkeit, assistierte Suizidbeihilfe in Anspruch zu nehmen, hat das nichts zu tun.[84]

Wer also behauptet: „Hilfe zur Selbsttötung ist nötig! Oder wollen Sie wirklich, dass Menschen sich in ihrer Not vor den Zug werfen müssen!", dem ist klar zu entgegen: „Ich will in der Tat nicht, dass Menschen sich vor den Zug werfen! Aber assistierter Suizid verhindert das gerade nicht!"

Damit ist ein wichtiges Argument, das immer wieder vorgebracht wird, schlichtweg entkräftet. Es sollte nicht mehr eingesetzt werden, denn es bleibt auch bei Wiederholung falsch und ist längst als Wunschvorstellung entlarvt. Es wird leider weiterhin „harte" Suizide geben, mit all den bitteren Folgen für Angehörige, Rettungskräfte und Unbeteiligte.

Wie lässt es sich erklären, dass Sterbewillige nicht den assistierten und in der Regel für sie friedlichen Suizid in Anspruch nehmen, sondern sich weiterhin auf teils grausame Weise das Leben nehmen? Das hängt wohl damit zusammen, dass die Form eines Suizids viel über den sterbewilligen Menschen und seine Beweggründe aussagt. Ein gewalttätiger Suizid kann Folge einer psychischen Erkrankung sein. Wer die Selbsttötungsgedanken schon sehr lange mit sich trägt und den Suizid bereits länger plant, wählt meist eine andere Methode als jemand, der eine Kurzschlusshandlung begeht. Wer sich spontan zum Suizid entscheidet, hätte auch gar nicht die innere Ruhe, noch eine geordnete Beratung aufzusuchen, die für die Assistenz nötig wäre. Und nicht jeder Mensch, der sterben will, möchte

---

84 Vgl. Suizidprävention in der Schweiz. Ausgangslage, Handlungsbedarf und Aktionsplan. Bericht des Bundesrats vom 16. November 2016, S. 31.

darüber mit anderen reden, sich von ihnen helfen lassen oder sie mit den eigenen Problemen behelligen. Jemand, der tiefe Depressionen hat, findet ohnehin, er wäre für andere nur noch eine Last und es wäre besser für alle, es würde ihn nicht mehr geben. Die Erfahrung zeigt, dass Männer oft wesentlich aggressiver vorgehen als Frauen und viel häufiger Wege wählen, die ganz sicher tödlich, aber eben auch brutaler sind.[85]

Suizide geschehen nicht vernunftbezogen und nach logischen Regeln. Es ist naiv zu glauben, dass in Kürze alle Schutzgitter an hohen Autobahnbrücken abgebaut werden können, weil es Suizidassistenz gibt. Wir werden die Schutzzäune weiterhin dringend brauchen!

Möglicherweise wird die Zahl der Selbsttötungen ohne Assistenz sogar zunehmen. „Es gibt umfangreiche wissenschaftliche Literatur dazu, dass die Suizidraten in nahezu allen Ländern angestiegen sind, nachdem die Gesetzgebung zum assistierten Suizid liberaler geworden ist. Man geht davon aus, dass die Haltung der Menschen sich gegenüber der Selbsttötung ändert. Die Schwelle wird niedriger, sich ohne Beihilfe selbst das Leben zu nehmen."[86]

Der assistierte Suizid verhindert keine Selbsttötung und keine harten Suizide. Sie können nur verhindert werden durch aufmerksame Familienangehörige, wachsame Hausärztinnen und -ärzte und einen leichteren Zugang zu Beratungsangebo-

---

85 Infoseite www.selfapy.com/magazin/depression/suizid-lasst-uns-offen-ueber-selbstmord-sprechen (zuletzt abgerufen: 10.7.2023).

86 Prof. Barbara Schneider, Leiterin des Nationalen Suizidpräventionsprogramms für Deutschland, im Interview mit tagesschau.de am 24. Juni 2022.

ten. Eine höhere Anzahl von Plakaten mit der Nummer der Telefonseelsorge ist schon eine erfolgreiche Sofort-Hilfe! Und natürlich der Ausbau von psychologischen Ambulanzen und niederschwelligen Anlaufstellen. Die Gesamtzahl der Suizide in Deutschland ist nämlich seit einem Höchststand in den 1950er Jahren stetig gesunken, und das liegt an gesteigerter psychologischer Versorgung, intensiverer Forschung und deutlich besserer Ausbildung der Hausärzteschaft.[87]

Nach den Erfahrungen der Nachbarländer ist leider damit zu rechnen, dass die Gesamtzahl der Suizide in Deutschland ansteigen wird und die assistierten Suizide zu den eigenhändigen Suiziden hinzukommen. Ich bin sicher: Die meisten davon werden von Menschen vollzogen werden, denen mit einer zeitnahen psychologischen Betreuung anders hätte geholfen werden können.

---

87 Bodo de Vries, 5. Diakonisches Kamingespräch zum Assistierten Suizid, www.diakonie-wissen.de/web/grp/assistierter-suizid (zuletzt abgerufen: 10.7.2023).

12 Schutz von Kindern und Jugendlichen

Bei der Diskussion um den assistierten Suizid haben die meisten Menschen die Situation von alten oder schwer kranken Menschen im Blick und denken vom Pflegeheim, vom Hospiz oder vom Krankenbett her. Doch das Bundesverfassungsgericht hat allen Menschen den Weg zur Suizidassistenz geöffnet. Sie können jung sein und kerngesund: Wenn sie dauerhaft und selbstbestimmt den Wunsch haben zu sterben, darf der Staat ihnen den Zugang zu Suizidbeihilfe nicht verwehren.

Wir müssen also auch Universität, Ausbildungsplatz, Sportverein und Jugendhilfe in Blick nehmen. Denn in der Gruppe der 15- bis 29-jährigen treten die zweitmeisten Suizide auf – nach der Gruppe der Menschen im höheren Alter.[88] Die Folgen des neuen Gesetzes für junge Leute haben wir aber vermutlich noch gar nicht richtig verstanden.

Wie sieht es aus, wenn wir den assistierten Suizid vom jungen Menschen her bedenken? Wenn junge Menschen ihr Leben beenden wollen, sind wir doch wesentlich skeptischer, ob das mit rechten Dingen zugeht. Sind sie wirklich stabil sterbewillig, oder stecken sie nicht in einer vorübergehenden Phase seeli-

---

88 Selbstbestimmung und Lebensschutz: Ambivalenzen im Umgang mit assistiertem Suizid. Ein Diskussionspapier der Diakonie Deutschland.

scher Not? Ist das nicht eine Kurzschlusshandlung? Warum wollen sie ihr Leben wegwerfen? Warum holen sie sich nicht Hilfe? Ihnen stehen doch noch viele Wege offen!

Während unsere Gesellschaft altgewordenen Menschen mehrheitlich ohne weiteres zugesteht, dass sie ihr Leben ohne jede gesundheitliche Einschränkung aufgeben,[89] spüre ich beim Blick auf junge Leute deutliche Hemmungen, sogar Erschrecken. Was ist der Grund dafür? Nach der Sichtweise des Bundesverfassungsgerichts dürfte das Alter doch absolut unerheblich sein. Dass wir hier zurückschrecken, ist für mich ein klarer Hinweis darauf, dass der assistierte Suizid eben doch keine so gute Lösung ist.

Im Neukirchener Erziehungsverein sind wir spezialisiert auf die Begleitung von jungen Menschen mit schwierigen familiären Hintergründen. Viele von ihnen haben Gewalt erlebt, auch sexuelle Gewalt. Viele von ihnen hatten in ihrer Familie noch nie eine verlässliche Bezugsperson und wurden vernachlässigt. Sie leben in unseren stationären Einrichtungen, weil ihre Eltern sich nicht kümmern können, weil ihre Familie mit ihnen nicht klarkommt oder weil sie zu Hause nicht sicher sind. Wir begleiten sie intensiv, mit besonderen, auf sie abgestimmten Förderprogrammen. So stärken wir nach und nach wieder ihr Selbstwertgefühl, oft in sehr dunklen seelischen Tälern.

„Jugendhilfe" endet auch nicht mit dem 18. Geburtstag! Deshalb leben auch Volljährige bei uns, die von seelischer Behinde-

---

89 Kapitel 19: 70,8% der Fernsehzuschauer stimmen zu, dass ein älterer gesunder Mensch sich das Leben nehmen kann.

rung bedroht sind.[90] Auch volljährige Mütter mit ihren Kindern finden bei uns Zuflucht vor belastenden Familiensituationen und sind im Mutter-Kind-Haus[91] geborgen. Dort lernen die Mütter, über einen Zeitraum von vielen Monaten bis hin zu einigen Jahren, wie sie aufmerksam mit ihrem kleinen Kind umgehen können und es davor schützen, in unguten Verhältnissen aufzuwachsen. Manche dieser Mütter sind leider aufgrund ihrer Lebensumstände stark suizidgefährdet. Kürzlich erst hat sich eine junge Mutter das Leben genommen. Die Trauer über ihren Tod und die Sorge um ihre beiden Kinder verpflichtet uns, noch intensiver hinzuschauen, wie wir Menschen vor der Selbsttötung schützen können.

Viele Kinder und Jugendliche, die in unseren Einrichtungen leben, sind wegen ihrer belastenden Lebensgeschichte suizidgefährdet. Insbesondere in unseren Einrichtungen für junge Frauen, die in ihrer Familie sexuelle Gewalt erlebt haben, beobachten wir das leider recht häufig. Sie wollen von der Autobahnbrücke springen, sich aus dem Fenster stürzen oder schlucken scharfkantige Gegenstände. Dass sie mit ihrem Leben unglücklich sind, liegt in der Regel in ihrer Herkunftsfamilie begründet und in den Erfahrungen, die sie dort gemacht haben. Ihnen wurde durch die Familie eingetrichtert: „Du bist nichts wert." Sogar: „Du bist der letzte Dreck." Die Mädchen haben begonnen, dieses vernichtende Urteil über sich selbst zu übernehmen. Sie finden, dass sie wirklich nicht liebenswert sind und dass ihr Leben tatsächlich nichts wert ist. Deshalb sind sie ständig in der Gefahr, ihr Leben weggeben zu wollen.

---

90 Nach § 35a Kinder- und Jugendhilfe-Gesetz.
91 Wir beraten und unterstützen selbstverständlich auch die Väter. Aktuell leben aber keine Männer dauerhaft in unserer Einrichtung.

Die Mitarbeitenden in diesen Wohngruppen sind insbesondere nachts auf der Hut, dass die jungen Frauen sich nichts antun.

Die Haltung unserer Mitarbeitenden ist dabei ganz deutlich: „Wir wissen, dass du schweren Ballast mit dir trägst. Wir wertschätzen dein Leben und helfen dir dazu, es zu gestalten. Aber wir geben nicht denen recht, die dich abwerten und die dich abschätzig behandelt haben. Du sollst hier in einer Umgebung leben, in der kein Leben für todeswert gehalten wird. Dein Selbstmord ist für uns keine Option! Du denkst vielleicht darüber nach – wir nicht!"

Die Mitarbeitenden, allesamt erfahrene Fachleute in der Begleitung von belasteten Kindern und Jugendlichen, haben in unseren „Neukirchener Kamingesprächen" einige wichtige Aspekte benannt, die für alle Kinder und Jugendlichen – nicht nur in der Jugendhilfe – wichtig sind:

- Unsere Mitarbeitenden wollen, dass der Staat die jungen Menschen vor vorschnellen assistierten Suiziden schützt. Das betrifft in der gesetzlichen Regelung speziell die Fristen, die zwischen Beratung und Aushändigung des Präparats gesetzt werden. Sie dürfen nicht zu kurz sein. Wichtig ist auch die fachliche Sorgfalt, mit der Selbstbestimmung und Stabilität des Sterbewunsches beurteilt werden – und die berufliche Erfahrung, um zwischen den Zeilen lesen und hinter eine Fassade blicken zu können.
- Unsere Mitarbeitenden wollen, dass eine Altersgrenze gezogen wird, die die jungen Menschen wirklich altersgemäß schützt. Wir kennen in Deutschland ein gestaffeltes System von Altersgrenzen: Mit 14 Jahren wird ein Kind religionsmündig. Dann wird es auch strafmündig, unterliegt

aber noch bis zum 21. Lebensjahr dem Jugendstrafrecht. Mit sechs Jahren wird es schon teilweise geschäftsfähig, in Alterssprüngen aber erst mit 18 Jahren voll geschäftsfähig, also „volljährig". Während in Belgien auch Jugendliche die Suizidassistenz in Anspruch nehmen können und in den Niederlanden eine Ausweitung auf Kleinkinder diskutiert wird, wird wohl in Deutschland eine Altersgrenze von 18 eingezogen. Unsere Fachleute sind jedoch skeptisch, dass die gesetzliche Volljährigkeit in der Frage nach Leben und Sterben überhaupt angemessen ist. Aufgrund der wissenschaftlichen Erkenntnisse über die Entwicklung des jugendlichen Gehirns meinen sie: Erst mit 25 oder 27 Jahren kann von einer echten Vollverantwortung ausgegangen werden.[92] Auf dem Weg dahin geraten viele junge Menschen in Lebenskrisen, die etwa mit unglücklicher Partnerwahl oder Schwierigkeiten in Berufsausbildung und Studium zusammenhängen. Sie sind in dieser Phase besonders verletzlich und damit schützenswert.

- ▪ Unsere Mitarbeitenden signalisieren sehr deutlich: Der Neukirchener Erziehungsverein muss ein sicherer Raum sein, frei von Suizidbeihilfe! Denn wenn wir die jungen Menschen in den Phasen, in denen sie sterben möchten, wirklich erfolgreich zum Leben zurückbringen wollen, dann darf es nirgendwo im Neukirchener Erziehungsverein Mitarbeitende geben, die aktiv an Suizidbeihilfe teilnehmen. „Wenn Sie im benachbarten Altenheim Suizidassistenz ausführen, reißen Sie uns den Boden für unsere Arbeit weg",

---

92 Jörg M. Fegert, Michael Kölch, Paul Plener: Eine gespenstische Scheindebatte: Haben Kinder und Jugendliche ein Recht auf assistierten Suizid? In: Leben. Selbstbestimmung und Lebensschutz: Ambivalenzen im Umgang mit der Beihilfe zur Selbsttötung, Esslingen 2022, S. 232.

sagt die Leiterin eines unserer Jugendhilfe-Häuser. „Suizidbeihilfe in unseren Seniorenheimen ist undenkbar, sonst sind wir den jungen Leuten gegenüber nicht glaubwürdig." Die Mitarbeitenden erwarten, dass Vorstand und Aufsichtsrat einen Schutzraum für suizidgefährdete junge Menschen sicherstellen, in dem schlichtweg nirgendwo Beihilfe zur Selbsttötung angeboten wird. Wie könnten wir sonst einer 19-jährigen vermitteln, dass wir einer 91-jährigen aktiv beim Sterben helfen, ihr aber nicht? Nur wegen des Altersunterschieds? Das wäre doch Altersdiskriminierung, und die ist in Deutschland verboten.[93] Wir waren uns in unserer Gesprächsreihe „Neukirchener Kamingespräche" einig: Wir können die Entscheidungen, die wir in einem unserer Seniorenheime treffen, nicht fällen, ohne die Kinder, Jugendlichen und jungen Erwachsenen zu berücksichtigen, die bei uns leben oder von uns beraten werden.

Das gilt aber nicht nur in einer diakonischen Einrichtung wie der unsrigen, das gilt auch im „normalen Leben". Der Neukirchener Erziehungsverein bildet „die Gesellschaft im Kleinen" ab. Wir müssen uns deshalb überall fragen, was Suizidassistenz in einem Lebensbereich für die anderen Bereiche bedeuten würde. Wie unsere Gesellschaft mit alten Menschen umgeht, das hat Auswirkungen auf die Jugendlichen. Wenn junge Menschen die staatlich unterstützte Selbsttötung als normal erleben, werden sie sich als Altgewordene sehr deutlich unter Druck gesetzt sehen, diesen Schritt selbst zu vollziehen. Wenn sie miterleben, dass schon die „normalen" gesundheitlichen Probleme des Altwerdens als Grund zum Sterben anerkannt

93 Allgemeines Gleichbehandlungsgesetz AGG.

sind,[94] dann könnten sie ihrerseits folgern: „Mein Körper ist nicht perfekt. Meine Beine zu schief, meine Taille zu breit, meine Muskeln zu schlaff, meine Brüste zu klein. Deshalb sollte ich besser sterben!" Bei der erschreckend hohen Rate von jungen Leuten, die mit sich und ihrem Körper nicht zufrieden sind,[95] ist diese Befürchtung nicht unbegründet.

Der Deutsche Pflegerat betont, dass junge Menschen die verletzlichste Gruppe sind und die Gefahr besteht, dass sie das „Selbsttätig-aus-dem-Leben-scheiden" als Normalfall deuten werden.[96] Als Gesamtgesellschaft dürfen wir nicht ausblenden, dass es solche Wechselwirkungen zwischen den Generationen gibt. Der Deutsche Pflegerat hat deshalb verlangt, dass Minderjährige bei einem assistierten Suizid nicht anwesend sein sollten.

Eine spezielle Sorge äußern unsere Mitarbeitenden wegen der Nutzung von Social Media und Internet-Plattformen, auf denen Jugendliche sich austauschen. Immer wieder verabreden sich junge Leute dort zu einem gemeinschaftlichen Suizid. Sie

---

94 In den Niederlanden sind mittlerweile altersgemäße Beschwerden wie Schwerhörigkeit, Sehstörungen und Schwindel anerkannt für eine ärztliche Zustimmung zur Tötung auf Verlangen, Regionale Kontrollkommission für Sterbehilfe (Niederlande), Jahresbericht 2021, S. 75.

95 Erkenntnisse einer britischen Umfrage aus 2016: Schon im Alter von sieben Jahren verspürt rund ein Viertel der Mädchen, dass sie perfekt sein wollen. Im Alter von 11 bis 16 Jahren schämt sich fast die Hälfte der Mädchen für ihr Aussehen. Zweidrittel der 17- bis 21-Jährigen sind der Meinung, dass sie nicht hübsch genug sind. www.girlguiding.org.uk/globalassets/docs-and-resources/research-and-campaigns/girls-attitudes-survey-2016.pdf (zuletzt abgerufen: 10.7.2023).

96 www.deutscher-pflegerat.de/2021/04/15/moegliche-neuregelung-der-suizidassistenz/ (zuletzt abgerufen: 10.7.2023).

sind sich oft persönlich noch nie begegnet. Aber sie bestärken einander in Chat-Foren darin, dass ihr Leben wirklich nicht lebenswert sei. Sie beraten sich gegenseitig dabei, mit welchen Methoden sie am besten aus dem Leben scheiden können. Und sie legen einen Zeitpunkt fest für ihr zeitgleiches Sterben an verschiedenen Orten. Dies geschieht bereits, zum Leid der Familien immer und immer wieder![97]

Der Gesetzgeber muss dringend in Betracht ziehen, dass sich junge Menschen verabreden, gemeinschaftlich *assistierten* Suizid zu begehen und sich gegenseitig Tipps geben, mit welchen Argumenten sie diejenigen, die tödliche Medikamente ausgeben dürfen, überzeugen können. Für die Eltern und Familien ist es schon heute schier unerträglich, im Nachhinein zu erfahren, wie die Neigung zum Suizid im Internet-Chat von Gleichaltrigen verstärkt wurde. Wie viel unerträglicher wird es für sie sein, wenn sie künftig sogar erfahren müssen: Die jungen Menschen konnten ihren Plan umsetzen, weil die deutschen Gesetze das hergeben. Dabei ist diese Generation in ganz besonderer Weise suizidanfällig. Gerade in Blick auf die jungen Menschen in ihren Zwanzigern, in der „Finde-Phase" ihres Lebens, sind die Auswirkungen dieses Urteils noch nicht wirklich verstanden.

---

97 Mittlerweile gibt es auch hilfreiche Organisationen, die sich direkt in die Chats einschalten und dort durch Gesprächsangebote die Suizide verhindern wollen, etwa www.digital-streetwork-bayern.de (zuletzt abgerufen: 10.7.2023).

13 Assistenz für Menschen mit Behinderungen

„Assistenz ist unsere Profession", so lautet das Motto derer, die Menschen mit Behinderungen begleiten. Diese sollen sich so weit wie irgend möglich am gesellschaftlichen Leben beteiligen und so leben können, wie sie es möchten. Dazu brauchen sie Menschen, die sie verlässlich unterstützen, und zwar genau so, wie sie selbst es möchten.

Viel zu lang waren Menschen mit körperlichen, seelischen oder geistigen Beeinträchtigungen grundsätzlich einer Bevormundung ausgesetzt. Das ist zum Glück vorbei! 2006 verabschiedete die UNO-Generalversammlung das *„Übereinkommen über die Rechte von Menschen mit Behinderungen", die sogenannte* UN-Behindertenrechtskonvention. Die Rechte von Menschen mit Behinderungen sind in Deutschland nun im „Bundesteilhabegesetz" verankert.

Deshalb sprechen wir nicht mehr von „Behindertenhilfe", sondern von „Eingliederungshilfe": Menschen mit Behinderungen soll nicht nur „geholfen" werden, sondern sie sollen sich hineinfinden können in den Alltag aller. Dafür stellt ihnen der Staat Unterstützung zur Verfügung in Form von Sachmitteln und Technik – und durch Menschen, die fachkundig das für sie tun, was sie selbst aufgrund ihrer Beeinträchtigung nicht tun können. Jedoch nicht mehr! Denn, die Menschen mit Behinderungen werden nicht entmündigt, und sie werden nicht entpflichtet. Sie sollen das, was ihnen selbst möglich ist, selbst tun. Die Unterstützung soll so ausfallen, wie sie gebraucht und gewollt wird. Die Assistenz soll ihnen nichts vorschreiben, sondern sie entlasten. Alles soll so sein, als würden sie es selbst tun, nur dass das, was sie nicht selbst können, für sie getan wird. Das ist eine gute, richtige und menschenwürdige Entwicklung!

Doch wo hat die Assistenz Grenzen? Was, wenn von dem assistierenden Menschen etwas verlangt wird, was er oder sie nicht tun will? Hat nicht auch jemand, der Assistenz leistet, Rechte, Würde und Grenzen, die zu wahren sind: Schamgrenzen, religiöse oder Verhaltensgrenzen? Zur Assistenz gehört deshalb immer ein Aushandeln dessen, was wünschenswert ist, was machbar ist und was beide letztlich mittragen können. Denn ebenso wenig wie ein Mensch mit einer Beeinträchtigung etwas vorgeschrieben bekommen soll, darf die Betreuungsperson zur reinen „Hilfs-Maschine" herabgewürdigt werden.

Im Neukirchener Erziehungsverein assistieren wir insbesondere Menschen, die geistige Einschränkungen haben. Diese sind entweder angeboren, oder sie haben sie sich später durch eine Krankheit oder einen Unfall zugezogen. Wir begleiten Menschen mit tiefgreifenden Entwicklungsstörungen sowie Menschen, die mehrfache Beeinträchtigungen haben, weil geistige und körperliche Einschränkungen zusammenkommen. Viele von ihnen sind noch recht jung, andere sind bereits älter.

Die Mitarbeitenden der Eingliederungshilfe haben uns in den Neukirchener Kamingesprächen mitgenommen in eine spannende Diskussion über die Chancen und Grenzen von Assistenz. Dabei waren wir uns einig: Das Modell „Assistenz geben dort und so, wie es gewollt ist" ist völlig richtig und entspricht der Würde des Menschen. Niemand soll durch den Willen eines anderen überwältigt werden. Wir waren dann aber auch sehr schnell bei der Frage, wo Unterstützung Grenzen hat und wie wir das begründen.

Schwierig ist es für unsere Mitarbeitenden zum Beispiel, wenn die Klientinnen und Klienten sich durch ihr Verhalten selbst schädigen, etwa durch das Rauchen. Ein Mitarbeiter schilderte, wie schwer es ihm fällt, einer Klientin die Zigarette anzureichen, wohl wissend, dass sie dadurch ihrer Gesundheit schweren Schaden zufügt. Insbesondere, weil die Krankheiten, an denen sie bereits leidet, durch das Rauchen verstärkt werden können. Hier wird – in Absprache mit der gesetzlichen Betreuerin – der Klientin das Rauchen nicht verwehrt, aber sie wird im Gespräch wieder und wieder auf die Gefahren dieses Handelns aufmerksam gemacht.

Diskutiert wird auch die Frage nach sexueller Assistenz. Natürlich sind die Klientinnen und Klienten sexuell selbstbestimmt. Wenn sie sich Sex wünschen, aber keine feste Partnerschaft haben, können sie sich andere Wege der sexuellen Erfüllung suchen, sei es durch Pornographie oder durch Besuche von Prostituierten. Natürlich sprechen wir hier mit ihnen darüber, dass Menschen nicht für sexuelle Zwecke ausgebeutet werden dürfen und dass Zwangsprostitution Menschen entwürdigt. Aber die Klientinnen und Klienten erhalten Unterstützung, um ihre sexuellen Wünsche zu befriedigen. Nur eine ganz bestimmte Unterstützung gibt es nicht: Mitarbeitende dürfen nicht selbst sexuelle Handlungen an und mit den Klientinnen und Klienten durchführen. Das ist aus gutem Grund tabu und verboten, denn es würde ungute Abhängigkeiten zwischen Klientinnen,

Klienten und Mitarbeitenden schaffen. Es könnte zudem zur Folge haben, dass jemand gegen den eigenen Willen zum Sex genötigt, also missbraucht würde. Deshalb hat es für die Mitarbeitenden schwerwiegende, auch straf- und arbeitsrechtliche Folgen, wenn sie Klientinnen oder Klienten sexuell berühren. Hier hat Assistenz gute, begründete Grenzen.

Unsere Kolleginnen und Kollegen waren sich in unseren Diskussionsrunden einig: Für einen Suizid würden sie nicht zur Assistenz bereitstehen. Dies würden sie auch dann ablehnen, wenn der Klient oder die Klientin einen festen, eindeutigen Willen dazu hat, und auch dann, wenn es eine gesetzliche Betreuungsperson gibt, die den Sterbewunsch unterstützt. Selbst wenn der Gesetzgeber dies – anders als bei sexuellen Handlungen – nicht bestrafen würde, sähen sie hier eine Linie überschritten. Denn es wäre ein unumkehrbarer Schritt vom Leben zum Tod. Sie sorgen sich zudem, was das für ihre eigene seelische Gesundheit bedeuten würde. „Ich bin dazu da, zum Leben zu helfen, aber nicht zum Sterben", so drückte es eine Kollegin aus. Die Grenzen der Assistenz wären erreicht, wenn es um das Überschreiten der Grenze zum Tod geht.

Diese Haltung wird vom Bundesverband Evangelischer Behindertenhilfe gestützt. Er betont in seiner Erklärung vom 27. Mai 2021: „Es gehört nicht zur Aufgabe von Mitarbeitenden in unseren Mitgliedseinrichtungen, von sich aus Suizidhilfe anzubieten und/oder im Rahmen ihrer arbeitsvertraglichen Pflichten durchzuführen. Ihre Rolle im Umgang mit Sterben und Tod besteht darin, Symptome zu lindern und den betroffenen Menschen zu begleiten. Die Suizidassistenz gehört nicht zum Leistungsspektrum diakonischer Einrichtungen der Behindertenhilfe und Sozialpsychiatrie. Eine Regelleistung ,Suizidassistenz' einer diakonischen Einrichtung würde das Vertrauen derjenigen beschädigen, die auf den uneingeschränkten Schutz ihrer Würde in Krankheit und bei Behinderung durch unsere Unterstützungsleistungen setzen."[98]

Unsere Mitarbeitenden beschreiben zudem eine wichtige Erfahrung in unseren Angeboten der Eingliederungshilfe: „Mich hat noch nie einer unserer Klienten um Suizidhilfe gebeten!" Die meisten von ihnen haben, obwohl sie schwere Beeinträchtigungen haben, eine positive, oft sogar fröhliche Einstellung zu ihrem Leben! Das ist möglicherweise bei Menschen mit anderen Formen von Beeinträchtigungen anders. Aber wir erhalten das klare Signal: Das Leben ist auch dann lebenswert und keineswegs todeswürdig, wenn es nach anderen Regeln verläuft als bei Menschen ohne solche Einschränkungen.

Besonders in Deutschland darf ein Thema nicht vergessen werden: Die Vernichtung von Menschen mit Behinderungen im Nationalsozialismus. Unter dem zynisch-beschönigenden Titel „Euthanasie"[99], „schöner Tod" wurden über 200.000 Menschen mit Behinderungen gezielt und programmatisch umgebracht. Zunächst waren es Menschen mit angeborenen körperlichen oder geistigen Behinderungen. Später kamen auch Soldaten hinzu, die durch die Kriegserlebnisse seelische Krankheiten

---

98 https://beb-ev.de/wp-content/uploads/2022/09/Orientierungshilfe-des-BeB-assistierter-Suizid_final.pdf (zuletzt abgerufen: 10.7.2023).
99 Zusammengesetzt aus den griechischen Wörtern „eu" für „schön" und „thanatos" für „Tod".

davongetragen hatten.[100] Wer erkennbar seelisch unter den belastenden Folgen von Bombenangriffen litt, lief ebenso Gefahr, deswegen ermordet zu werden. Die Nationalsozialisten sahen alle diese Menschen als „unwertes Leben" an und erklärten sich als berechtigt, sie zu töten. Für unsere Mitarbeitenden in der Eingliederungshilfe ist es kaum erträglich, dass heute in den benachbarten Niederlanden der Name des nationalsozialistischen Tötungsprogramms die offizielle Bezeichnung für assistierten Suizid ist.

Und sie fürchten, dass auch bei uns einmal der Wert eines Menschen nur nach Leistungsfähigkeit oder Gesundheitszustand bemessen wird. Wie lange wird unsere Gesellschaft bereit sein, die hohen Kosten für die Assistenz von Menschen mit Behinderungen aufzubringen? Am wertschätzenden Umgang mit ihnen entscheidet sich doch unsere Menschlichkeit!

---

100 Etwa im hessischen Hadamar, wo genau dies geschehen ist: Erst wurden Menschen in den Krieg geschickt – und wenn sie dann geschädigt zurückkamen, wurden sie für „unwert" erklärt und umgebracht. www.gedenkstaette-hadamar.de (zuletzt abgerufen: 10.7.2023).

14 Demenz-Erkrankung und Sterbewille

„Unvernünftig", „ohne Verstand" lautet die wörtliche Übersetzung des Begriffs „Demenz" aus dem Lateinischen.[101] Damit ist das wesentliche Merkmal von Demenzerkrankungen beschrieben, nämlich die Verschlechterung der geistigen Fähigkeiten bis hin zu ihrem Verlust.[102]

An Demenz zu erkranken, davor haben sehr viele Menschen in Deutschland Angst. Schon 14- bis 34-Jährige machen sich darüber Sorgen. 69% von ihnen fürchten ernsthaft, später einmal an Demenz zu leiden.[103] Die meisten Menschen empfinden es besonders bedrohlich, wegen dieser Krankheit irgendwann einmal nicht mehr die Kontrolle über die eigenen Sinne zu haben, alles zu vergessen, liebe Menschen nicht mehr zu erkennen und letztlich nicht mehr in der Lage zu sein, selbstbestimmt zu leben. Viele, die sich bereits in gesunden Jahren vorstellen

---

101 Eigentlich redet man nicht von „der Demenz", sondern von „dementiellen Erkrankungen", denn es gibt viele Formen dieser Krankheit. Nur der Einfachheit halber bleibe ich hier bei den Bezeichnungen „Demenz" oder „dementielle Erkrankung".
102 www.bundesgesundheitsministerium.de (zuletzt abgerufen: 10.7.2023), dort gibt es umfangreiche Informationen zum Thema Demenz.
103 Zukunft Gesundheit 2021, Studie der vivida bkk-Krankenkasse.

können, später einmal einen assistierten Suizid zu begehen, begründen dies mit der Sorge vor Demenz.

Allerdings sind damit entscheidende Probleme verbunden: Wann handelt es sich wirklich um mehr als Vergesslichkeit und tatsächlich um eine fortschreitende, nicht aufzuhaltende Demenz? Und wie lange bleibt ein Mensch, bei dem eine dementielle Erkrankung erkannt wird, noch selbständig entscheidungsfähig? Demenz verläuft in Stufen, und je weiter sie vorangeschritten ist, desto mehr nimmt die Fähigkeit zu eigenverantwortlichem Handeln ab.

Unsere Nachbarländer haben für das Thema „Sterbewille bei Demenz" verschiedene Lösungen entwickelt. In der Schweiz darf der assistierte Suizid nur ausgeführt werden, solange Menschen noch urteilsfähig sind. D.h. die dementielle Erkrankung kann wohl schon erkannt sein, sie darf aber noch nicht über eine bestimmte Phase hinaus fortgeschritten sein.[104] Deshalb wird bei den Schweizer Vereinen für Freitodbegleitung viel über den „richtigen Zeitpunkt" diskutiert, damit die Selbsttötung eben nicht zu früh, aber auch nicht zu spät vollzogen wird. Diese Suche nach dem passenden Moment beschäftigt viele Betroffene sehr und sie ist nie wirklich stimmig abgeschlossen.

In den Niederlanden ist ja die aktive Sterbehilfe möglich. Deshalb kann es dort jenseits der Schwelle zur Eigenverantwortlichkeit zum unterstützten Sterben kommen, wenn jemand vorab schriftlich erklärt hat, dass er oder sie bei eingetretener Demenz sterben will. Dann wird den Sterbewilligen eine töd-

---

104 www.exit.ch/freitodbegleitung/sonderfall-demenz (zuletzt abgerufen: 10.7.2023).

liche Substanz verabreicht zu einem Zeitpunkt, den andere festlegen. Dies kann allerdings zu solchen Situationen führen: Eine Dame, die dement geworden war, hatte vorher schriftlich verfügt: „Wenn ich dement bin, will ich aktive Sterbehilfe erhalten." Die Familie sah sich verpflichtet, diesem Wunsch zu folgen, und erbat von einer Ärztin die Durchführung. Als diese die Spritze mit dem tödlichen Medikament setzen wollte, wehrte sich die alte Dame nach Kräften. Sie musste von mehreren Menschen, auch von den eigenen Kindern festgehalten werden, und es brauchte mehrere Versuche, bis endlich die Spritze gesetzt werden konnte und die Frau starb.[105] Was für eine schreckliche Erfahrung für die Angehörigen und die Ärztin: Der noch nicht demente Mensch hatte einen Wunsch, den der dement gewordene Mensch massiv ablehnt. Diese Situation wurde später juristisch überprüft, und die Beteiligten wurden nicht weiter belangt. Dennoch bleibt mehr als nur ein bitterer Nachgeschmack.

In Deutschland kann sich eine solche Situation derzeit nicht ereignen, da die Tötung auf Verlangen ausgeschlossen ist. Assistierter Suizid ist hierzulande auch für Menschen mit einer dementiellen Erkrankung nur so lange möglich, wie eine Selbstbestimmung noch nachweisbar ist.

In unseren Seniorenheimen machen wir unterschiedliche Erfahrungen mit dementiellen Erkrankungen. Wir wissen sehr gut, dass an Demenz erkrankte Menschen ihren Willen haben

---

105 Dies berichtete Prof. Lukas Radbruch, Direktor der Klinik für Palliativmedizin, Universitätsklinikum Bonn beim BeBinar „Umgang mit suizidalem Verhalten oder assistierter Suizid" des Bundesverbands evangelische Behindertenhilfe am 27. April 2021.

und ihn auch kundtun. Und wir erleben, dass sie ein würdevolles Leben führen können! Dass sie sich mit ihrer Krankheit quälen, können wir oft gar nicht sagen. Für die Familie ist es natürlich sehr schwer mitzuerleben, wie ein naher Mensch sich verändert und seine vertraute Persönlichkeit verliert. Aber für die Betroffenen selbst ist es ihr Leben! Wir begegnen ihnen mit Respekt und schauen, dass die Menschen mit einer Demenzerkrankung so selbstbestimmt wie möglich leben können. Natürlich, sie brauchen oft besonderen Schutz, auch vor ihrer eigenen Vergesslichkeit. Sie brauchen besondere Lebensräume, damit sie sich nicht verirren. Sie brauchen spezielle Ansprache, damit sie verstehen und sich verstanden fühlen. Aber wenn die Rahmenbedingungen stimmen, ist ihr Leben wahrlich nicht würdelos!

Für die Betroffenen sind jedoch die Übergänge sehr belastend, wenn sie selbst deutlich wahrnehmen, dass sie sich tiefgreifend verändern und das nicht ändern können. Dann kommen die Ängste, dass sie unkontrolliert handeln könnten, bösartig werden oder sich lächerlich machen. Wir versuchen, sie in ihren Ängsten gut zu begleiten und ihnen spürbar zu vermitteln, dass wir sie gerade mit einer Demenz respektvoll behandeln werden. Sie selbst mögen an ihrer Würde zweifeln, wir tun es nicht!

Sollen die von Demenz Betroffenen – wie es oft in der Schweiz geschieht – nun alle ihre Lebensenergie ausschließlich in die Planung einer Selbsttötung stecken und in die Überlegungen zum richtigen Zeitpunkt? Oder ist ihnen nicht anders viel mehr geholfen?! Brauchen sie nicht vielmehr gute Informationen darüber, wie sie und ihre Familie mit einer Demenzerkrankung leben können? Dementielle Erkrankungen sind mittlerweile recht gut erforscht. Wir wissen heute zum Beispiel viel besser, wie wir uns demenzerkrankten Menschen verständlich machen können, wie wir ihren Willen erkunden, was ihnen schaden kann und was sie beschämt, was ihnen Sicherheit schenkt und Geborgensein. Demenzerkrankte brauchen eine andere Ansprache. In gewisser Weise brauchen sie eine andere Sprache. Diese ist aber für Angehörige erlernbar und das ist oft gar nicht so schwer!

Die Pflegekräfte in Seniorenheimen und Hospizen, die täglich mit dementen Menschen umgehen, sprechen diese „Sprache" und haben das Fachwissen darüber, was Menschen mit Demenzerkrankungen hilft. Viele Angehörige aber kennen diese „Sprache" nicht. Wie viel Missverstehen und Verärgerung bliebe ihnen erspart, wenn Angehörige frühzeitig gelernt hätten: So kann ich mit dem vergesslichen Vater, mit der verwirrten Mutter reden, ohne dass ich sie verunsichere, ohne dass sie Angst bekommen oder zum Weinen gebracht werden. Sätze wie „Daran musst du dich doch erinnern! Das kannst du doch nicht vergessen haben!" können den an Demenz erkrankten Menschen beschämen. Gut tut dagegen, im „Hier und Jetzt" zu bleiben, verbunden mit Berührungen und lieben Worten: „Fühl mal, die Sonne scheint so warm. Ich streichle dich. Wie schön, dass du da bist!"

Hier ist noch viel mehr Aufklärung nötig, um den an Demenz Erkrankten wenigstens einen Teil der Ängste nehmen zu können und ihnen zu zeigen: Mit Demenz ist ein würdevolles Leben normal – und würdevolles Sterben ebenso! Dazu müssen sich aber die Angehörigen und die Pflegenden auf die demenzerkrankten Menschen einstellen! Dieser Mühe sollten wir uns unterziehen.

15 Pflege und Palliativmedizin

„Ich kenne keinen Fall, wo es nicht gelingt, den Patienten mit Hilfe der Palliativmedizin die gewünschte Linderung zu verschaffen", betonte der Arzt, Universitätslehrer und Gesundheitspolitiker Karl Lauterbach bereits 2014.[106] Das bedeutet: Die Angst vor einem qualvollen, schmerzhaften Sterben kann genommen werden! Das war 2014 so und ist es erst recht heute.

Denn die Palliativmedizin[107] hat in den vergangenen Jahrzehnten erhebliche Fortschritte gemacht. Sie wurde ausgeweitet und ist heute selbstverständlicher Bestandteil von medizinischer und pflegerischer Versorgung. Im Juni 2022 gab es in Deutschland rund 1.500 ambulante Hospizdienste, ca. 250 stationäre Hospize für Erwachsene sowie 19 stationäre Hospize für Kinder, Jugendliche und junge Erwachsene. Dazu kommen ungefähr 340 Palliativstationen in Krankenhäusern.[108] Das ist viel, aber immer noch nicht genug. Deshalb müssen Pflegeheime Palliativkonzepte nachweisen und sich fachlich

---

106 In einem von der Frankfurter Rundschau aufgezeichneten Gespräch am 16.12.2014.

107 Palliativ stammt vom lateinischen „pallium" ab und bedeutet „Mantel". Palliative Medizin „umhüllt" einen Kranken, um Symptome wie Übelkeit und Schmerzen zu verringern.

108 Angaben des Deutschen Hospiz- und Palliativ-Verbands und des Deutschen Kinderhospiz-Vereins, Stand 10. Juni 2022.

auf dem neusten Stand halten. Falls sie selbst keine Palliativ-Fachkräfte angestellt haben, müssen sie mit anderen Anbietern zusammenarbeiten, damit dieses besondere Wissen jedem betreuten Menschen zur Verfügung steht. Das wird regelmäßig von der Heimaufsicht geprüft.[109] Neben den Hospizen und Palliativstationen wurden noch viele weitere Fachangebote aufgebaut, damit schwerstkranke Menschen ruhig, schmerzfrei und in einem angemessenen Umfeld sterben können.

Die ambulanten Pflegedienste oder Sozialstationen, die Menschen zu Hause und in der Familie pflegen, sind heute entweder selbst palliativ geschult, oder sie arbeiten mit speziellen „SAPV-Fachkräften" zusammen. Die Abkürzung „SAPV" steht für „spezialisierte ambulante Palliativ-Versorgung". Diese Fachkräfte kommen nach Hause und begleiten etwa Krebspatienten im Endstadium in ihren eigenen vier Wänden. Sie können Atemnot und Panikattacken lindern. Sie behandeln und betreuen in der akuten Sterbephase und helfen den Angehörigen dabei, den Sterbeprozess zu verstehen.

Zur Palliativ-Behandlung gehört die sogenannte „palliative Sedierung"[110]: Bei großen Schmerzen und heftigen Unruhephasen werden sehr starke Beruhigungs- und Schmerzmittel gegeben, durch die der Patient bzw. die Patientin in einen Dämmerzustand gerät. Diese Medikamente haben al-

---

109 Die offizielle Bezeichnung ist „WTG-Behörde". Sie berät aufgrund des Wohn- und Teilhabegesetzes Bewohnerinnen und Bewohner, Angehörige, Betreuende, Bewohnerbeiräte, Vertretungsgremien, Vertrauenspersonen sowie Träger von Betreuungseinrichtungen und führt unangemeldete Prüfungen in den Einrichtungen durch.

110 „Sedieren" ist der medizinische Fachbegriff für „beruhigen".

lerdings sehr starke Nebenwirkungen. Eine davon kann sein, dass der Sterbeprozess beschleunigt wird. Deshalb war diese Behandlung anfangs sehr umstritten. Sie ist aber mittlerweile anerkannt, weil sie das Leid der sterbenden Menschen und das Mitleiden der Angehörigen spürbar lindert, ohne direkt in den Sterbeprozess einzugreifen.

Immer wieder wird in Frage gestellt, dass die Palliativversorgung tatsächlich allen Sterbenden die Schmerzen einstellen kann. Hier mangelt es oft an Aufklärung darüber, was Palliativmedizin leisten kann. Viele Menschen wissen nicht, wie früh palliative Versorgung ansetzen kann, dass sie angepasst und verstärkt werden kann und auch muss. Falls ein Mensch trotz palliativer Behandlung noch große Unruhe zeigt oder Schmerzen hat, öffnet sich im Beratungsgespräch mit den geschulten Fachkräften in der Regel ein guter Ausweg.[111] „Anders als in den Achtzigerjahren können wir den Menschen heute – in extremen Fällen mit einer palliativen Sedierung – wirksam helfen und ihnen die Angst nehmen, im Sterben ihre Würde zu verlieren."[112]

In unseren Senioreneinrichtungen[113] ist uns wichtig: Nicht nur die besonders geschulten Fachkräfte, sondern *alle* Mitarbeitenden und die Ehrenamtlichen sollen Grundkenntnisse in palliativer Versorgung haben. Alle werden darin geschult,

111 Prof. Claudia Bausewein, Deutsche Gesellschaft für Palliativmedizin, 3. Kamingespräch zum Assistierten Suizid, www.diakonie-wissen.de/web/grp/assistierter-suizid (zuletzt abgerufen: 10.7.2023).
112 Ulrich Lilie, Beim Sterben helfen, epd-Dokumentation 12/2020.
113 Matthias-Jorissen-Haus in Neukirchen-Vluyn, Gerhardt-Terstee-gen-Haus und Bonhoeffer-Haus in Krefeld, jeweils mit angeschlossener Tagespflege.

Sterbephasen zu kennen und Verhaltensweisen im Sterbeprozess deuten zu können. So können sie sehr aufmerksam darauf achten, wann schnell eine besonders ausgebildete Fachkraft hinzuzuziehen ist. Sterbende sind eingebettet in das Wissen und Einfühlungsvermögen unserer Mitarbeitenden.

Palliativversorgung beginnt aber nicht erst mit dem letzten Stadium eines Menschenlebens. In unseren Seniorenheimen sind wir vom Einzug an in engem Gesprächskontakt mit den Bewohnerinnen und Bewohnern. „Wie wollen Sie bei uns leben – und wie wollen Sie, wenn es so weit ist, einmal bei uns sterben?" Über diese Doppelfrage sind wir im regelmäßigen Austausch. Und das nicht nur, weil es gesetzlich vorgeschrieben ist,[114] sondern weil wir den Bewohnerinnen und Bewohnern nur dann ein angenehmes Leben in unseren Häusern gestalten können, wenn wir sie gut kennen und wissen, was ihnen wichtig ist. Und weil wir vorbereitet sein wollen, wenn aufgrund eines Notfalls plötzlich die Frage im Raum steht, wie ein Mensch sterben will. Wichtig ist uns auch, Gespräche mit den Angehörigen zu führen und im Sterbeprozess in ganz engem Kontakt mit ihnen zu sein. Gelegentlich gelingt es sogar, dass Familienkonflikte kurz vor dem Tod noch gelöst werden können.

Am 13. Juli 2022 zeigte der Fernsehsender ARTE die Reportage über einen belgischen Arzt, der mit schwerstkranken Patientinnen und Patienten intensiv darüber spricht, wie sie leben und sterben wollen. Einfühlsame Gespräche sind das, nicht nur traurig, sondern auch lebensbejahend! Aber um das zu erleben,

---

114 § 132g Sozialgesetzbuch 5.

muss man nicht nach Belgien reisen, sondern kann einfach ins nächste Pflegestift gehen. Solche Gespräche werden nämlich Tag für Tag in deutschen Senioreneinrichtungen geführt, ganz ohne den Zusammenhang mit assistiertem Suizid. Und sie sind wahrlich nicht bedrückend, sondern tun dem Leben gut!

In diesen regelmäßigen Gesprächen können Bewohnerinnen und Bewohner darauf zu sprechen kommen, dass sie Angst vor einem qualvollen Sterben haben. Gelegentlich fragen sie, ob wir ihnen dann nicht das Leiden abkürzen könnten. Die Erfahrung unserer Fachkräfte ist durchweg so: Wenn sie zuhören und die Ängste wahrnehmen, wenn sie beschreiben, wie wir Sterbende begleiten und dass wir ihnen in enger Abstimmung mit der Hausarztpraxis die Schmerzen nehmen können, dann löst sich die Sorge vor einem „Qualtod" und der Wunsch nach einem assistierten Suizid verschwindet – ebenso wie das Nachdenken über das Sterbefasten.[115]

So wie wir arbeiten die allermeisten Pflegeheime in Deutschland. Und trotz des Fachkräftemangels und aller hoher Belastungen ist die Sterbebegleitung von hoher fachlicher Qualität und menschlicher Hingabe geprägt. Leider wird diese besondere Leistung, die die Teams der Pflegeheime erbringen, medial viel zu wenig wahrgenommen. Für TV-Sendungen ist es wohl wenig spannend oder unterhaltsam, eine dauerhafte freundliche Zuwendung zu filmen, einfühlsame Gespräche, die Lesung eines Psalms oder gar ein nächtliches Wachen am Bett.

---

[115] Hierbei stellen Menschen bewusst das Essen und Trinken ein. Durch die Mangelversorgung geraten sie nach einigen Tagen in einen Dämmerzustand, der zum Tod führt. Das Sterbefasten ist eine besondere Form des Suizids, die aber in den ersten Tagen noch umkehrbar ist und oft auch abgebrochen wird.

Noch problematischer aber ist, dass in Krimis, Vorabendserien und Spielfilmen oft noch das Altenheim der 1950er Jahre dargestellt wird: Enge, verwinkelte Räume, die dunkel sind und so aussehen, als ob sie feucht und muffig riechen. Die „Alten" werden dort abgestellt, dämmern vor sich hin, Hauptsache „satt und sauber". Solchen Heimen, die in Fernsehfilmen oft gezeigt werden, würde nach den heutigen bundesdeutschen Kriterien die Betriebserlaubnis entzogen! Das wissen die Drehbuchautoren entweder nicht, oder sie haben sich nicht informiert, oder es passt ihnen nicht in ihr Konzept. Und so flimmern uns manchmal mehrfach wöchentlich Bilder von Senioreneinrichtungen ins Wohnzimmer, die es in Wirklichkeit längst nicht mehr gibt. Pflegeheime von heute sind hell. Die Wünsche der Bewohnerinnen und Bewohner werden berücksichtigt. Es gibt abwechslungsreiche Angebote, freie Essenszeiten und Zimmer, die Platz für eigene Einrichtung lassen. Heimbeiräte haben großen Einfluss. Es wird viel gefeiert und gelacht! Das alles zeigt uns das Fernsehen leider zu wenig, wohl aber die „alten Bilder". Sie setzen sich im Gehirn fest und schüren die Vorstellung: Das Sterben in Senioreneinrichtungen kann nur bedauernswert sein, und jeder halbwegs gescheite Mensch sollte sich dem möglichst rechtzeitig entziehen.[116] Ich hoffe, dass die Filmproduzentinnen und Fernsehmacher ihre Verantwortung sehen, was sie mit solchen Fehldarstellungen anrichten!

Leider hat die Corona-Pandemie mit der zeitweisen Schließung von Senioreneinrichtungen dazu beigetragen, dass die alten

116 Laut einer im September 2022 veröffentlichen Umfrage würde jeder dritte erwachsene Deutsche den Suizid einem Pflegeheim vorziehen. www.evangelisch.de/inhalte/205363/04-09-2022/umfrage-jeder-drit-te-wuerde-suizid-dem-pflegeheim-vorziehen (zuletzt abgerufen: 10.7.2023).

Vorstellungen von „gefängnisartigen Altenheimen" wieder hervorgekrochen sind. Die Wirklichkeit sieht aber anders aus! Selbst in den strengsten Corona-Lockdown-Phasen haben die Mitarbeitenden in den Pflegeheimen sehr viel Phantasie walten lassen, damit Menschen trotz der widrigen Umstände gut leben und ihren Lieben nach Möglichkeit oft begegnen konnten. Sie haben sich auch darum gekümmert, dass Menschen begleitet und getrost sterben konnten.

Wichtig ist es also, sich gute, aktuelle Informationen zu besorgen, wenn es um so zentrale Fragen geht wie „Soll ich meinem Leben vorzeitig ein Ende setzen?" Bevor Sie Ihren Angehörigen zu früh zum assistierten Suizid raten, machen Sie sich bitte kundig über die Leistungsfähigkeit der Seniorenheime in Ihrer Nähe.

In den Medien hören wir viel vom Pflegenotstand. In der Tat, er besteht und ist eine große Belastung. Daneben darf aber nicht übersehen werden, wie sich die Pflege fachlich weiterentwickelt hat und was die Pflegekräfte trotz und unter aller Belastung leisten und möglich machen! Es ist schade, dass diese positiven Entwicklungen in der öffentlichen Wahrnehmung vom Pflegenotstand überlagert werden. Der Pflegenotstand bezieht sich auf fehlendes Personal, aber eben nicht auf einen *fachlichen* Notstand!

Senioreneinrichtungen veröffentlichen die Prüfberichte des Medizinischen Dienstes der Krankenkassen auf ihrer Homepage. Diese Berichte geben Auskunft darüber, wie gut eine Einrichtung mit ihren Bewohnerinnen und Bewohnern umgeht. In der Regel ist dort auch aufgeführt, wie eine Einrichtung sterbende Bewohnerinnen und Bewohner begleitet und dass

Palliativ- oder Hospizdienste mit einbezogen werden. Solche Informationen helfen dabei, die Sorgen vor einem Pflegezustand und die Angst vor einem schmerzvollen Sterbeprozess zu nehmen.

Außerdem gibt es in nahezu jeder Region ambulante Hospizdienste. Dort engagieren sich Menschen ehrenamtlich und begleiten Sterbende zu Hause. Sie wurden dafür sorgfältig ausgebildet, kennen die Sterbephasen und wissen, was Menschen im Sterben entlastet. Sie haben ein offenes Ohr für die Angehörigen und ihre Sorgen und können sie oft ganz praktisch unterstützen. Ganz anders als bei den Freitod-Begleitpersonen sind ihre Dienste, das sei noch einmal betont, völlig kostenlos.

16 Pflegekräfte und Ärzteschaft

Viele *Pflegekräfte* sind im Deutschen Pflegerat organisiert. Dieser hat sich ebenfalls mit der Entscheidung des Bundesverfassungsgerichts zum assistierten Suizid auseinandergesetzt und schon wenige Wochen nach dem Urteil gefordert: „Die Durchführung von Suizidbegleitung in Krankenhäusern und Altenheimen ist zu verbieten."[117] Begründet wird es damit, dass sonst „therapeutische Zielkonflikte" in Krankenhäusern und Altenpflegeeinrichtungen Einzug halten, was bedeutet: Das Pflegepersonal sieht sich in der Verantwortung, für das Wohl der Patientinnen und Patienten zu sorgen – aber nicht ihren Tod herbeizuführen. Es möchte nicht in eine Zerreißprobe geraten und auch nur den Eindruck erwecken, dass das Mitwirken an einer Selbsttötung ganz normaler pflegerischer Alltag wäre.

Der Deutsche Pflegerat bezieht sich mit dieser Haltung auf die sogenannte „Pflegecharta"[118]. Sie wurde 2005 von Vertreterinnen und Vertretern aus allen Bereichen der Pflege erarbeitet.

---

117 www.deutscher-pflegerat.de/2021/04/15/moegliche-neuregelung-der-suizidassistenz/ (zuletzt abgerufen: 10.7.2023).
118 www.wege-zur-pflege.de (zuletzt abgerufen: 10.7.2023).

In Artikel 8 heißt es: „Jeder hilfe- und pflegebedürftige Mensch hat das Recht, in Würde zu sterben." Und weiter, in direkter Anrede: „Allerdings darf niemand Ihr Sterben herbeiführen, auch wenn Sie ausdrücklich danach verlangen."

Die Mitarbeitenden in unseren Pflegeheimen sehen es ebenso wie der Deutsche Pflegerat. „Wir sind da, wenn Menschen erkrankt sind und leiden. Wir tun alles, damit sie sich nicht quälen. Aber wir sind nicht dazu da, ihnen den Tod zu bringen." So drückten es die Kolleginnen in unseren Neukirchener Kamingesprächen aus. Dabei wurde geschildert, dass sie alle schon oft Grenzsituationen erlebt hatten. Sie hatten Menschen vor Augen, die an Krebs, an ALS[119] oder an anderen grausamen Erkrankungen litten und im Endstadium in einem so schrecklichen Zustand waren, dass der Tod nur noch herbeigesehnt wurde. Dann drängte sich selbst ihnen die Frage auf: „Sollen wir nicht die letzten Meter auf dem Leidensweg abkürzen?" Die Mitarbeitenden erzählten davon, wie sie innerlich kämpften – und dann immer alle Energie darauf verwandten, durch Medikamente das Leiden erträglicher zu machen und durch Zuwendung das natürliche Sterben zu begleiten. Alle waren sich einig: Es ist schlimm, einen Menschen so sterben zu sehen. Aber noch schlimmer wäre es, am Tod aktiv mitgewirkt zu haben. Deshalb haben die Verantwortlichen unserer Pflegeheime klargestellt: Kein assistierter Suizid durch unsere Hände. In dem Dreischritt „über Suizidbeihilfe beraten – Suizidbeihilfe organisieren – tödliche Medikamente anreichen" werden wir natürlich

---

119 Amyotrophe Lateralskelrose, kurz ALS ist eine Krankheit, durch die Muskeln nach und nach aufhören zu arbeiten. Dies betrifft unter anderem die Atmung. Der bekannte Astrophysiker Stephen Hawkin litt an dieser Krankheit.

das beratende Gespräch führen und dabei sehr offen über alle Möglichkeiten informieren, die es gibt. Aber die Organisation eines assistierten Suizids werden wir nicht in die Hand nehmen und auch keine todbringenden Medikamente anreichen.

Dennoch kommt es bei uns immer wieder zu Zweifeln, ob diese Haltung in jeder einzelnen Situation wirklich richtig ist. Aktuell geht es einer Dame, die an einer schweren Lungenkrankheit leidet, so schlecht, dass unser Team überlegt: „Wenn sie uns um Suizidhilfe bittet, sollten wir dann nicht an eine Ausnahme denken?! Sie wird doch sonst langsam ersticken!" Es ist gut, dass es solche Zweifel gibt! Sie zeigen, dass die Pflegenden im Alltagsgeschäft nicht gefühllos geworden sind, sondern im Gegenteil: Dass sie auch nach vielen Jahren Berufserfahrung weiterhin mit jedem einzelnen Menschen mitfühlen und sich sorgen.

Für die Anfragen unserer Mitarbeitenden haben wir eine eigene Ethikkommission gegründet. Ihr gehören neben dem Vorstand und der Leiterin unseres Seniorenbereichs eine Internistin und eine Anwältin an. Obwohl wir uns grundsätzlich einig sind, dass wir uns letztlich das Mitwirken an der Selbsttötung nicht vorstellen können, werden wir dennoch prüfen, ob unsere Entscheidung in jedem Einzelfall stimmig ist und welche Unterstützung, Begleitung und Entlastung wir auf anderem Wege geben können. Dabei haben wir den betroffenen Menschen, die Angehörigen und die Mitarbeitenden im Blick. Damit sie mit diesen Anfragen nicht alleingelassen werden, stellen wir ihnen allen, auch den Kolleginnen und Kollegen, eine in diesen Fragen erfahrene Seelsorge-Begleitung an die Seite.

Eines unserer Häuser ist spezialisiert auf die Begleitung von Menschen im Wachkoma. Das sind oft recht junge Menschen,

die, häufig durch einen Unfall, so schwere Verletzungen er-
litten haben, dass ihr Körper lebt, ihr Bewusstsein aber wie
ausgelöscht erscheint. Sie haben einen normalen Schlaf-Wach-
Rhythmus, sie scheinen aber nicht wach zu sein. Doch dieser
Schein trügt! Etliche von ihnen nehmen Berührungen wahr,
erleben ihre Nachbarschaft, können durch gute Therapie Fortschritte machen und vielleicht sogar wieder aufwachen. Unsere Mitarbeitenden gehen deshalb mit ihnen so um, als wären
sie wach. Sie behandeln sie, als wären sie orientiert. Sie befragen die Familie, was früher wichtig war und bringen dies in
den Alltag ein. Im Corona-Lockdown beispielsweise haben wir
„Fenster-Andachten" gehalten: Ich habe, verstärkt durch einen
Lautsprecher, draußen vor dem Gebäude Andachten gehalten,
und die Bewohnerinnen und Bewohner waren drinnen am
geöffneten Fenster. Hinter einem der Fenster lag immer ein
Mann im Wachkoma. Als er noch gesund war, waren Glaube
und Kirchgang sehr wichtig für ihn. Nun wurde er selbstverständlich im Bett ans offene Fenster geschoben. Was er mitbe-
kam, konnte er nicht zeigen. Aber für mich war es sehr wichtig,
ihn dort oben im vierten Stock hinter dem Fenster zu wissen
und für ihn und mit ihm das Vaterunser zu beten.

So, mit Respekt und Nähe, begleiten wir die Menschen im
Wachkoma. Gelegentlich taucht bei Angehörigen die Frage auf:
Wäre es nicht besser, dieses Leid wäre zu Ende? Doch ihnen
das Leben zu nehmen, würde uns niemals in den Sinn kommen, selbst wenn sie dies möglicherweise vor dem Unfall so
festgelegt hätten.[120] Denn sie leben, und sie sind aufmerksam.

---

120 Dies wäre zudem nach der aktuellen Gesetzgebung als „Tötung auf
Verlangen" strafbar, vgl. Kapitel 14.

Menschen im Wachkoma sind weder sterbenskrank noch „hirntot". Sie brauchen keine Suizidhilfe, sie brauchen Lebenshilfe!

„Wir sind nicht zur Suizidhilfe berufen!" Wenn ich mit Pflegekräften über den assistierten Suizid rede, fällt dieses Wort immer wieder: „Berufung". Wir haben, so sagen sie, diesen Beruf gewählt, um Menschen zu unterstützen, um ihnen Lebensbegleitung zu geben und um ihre Schmerzen zu lindern. Dafür sind wir da! Den Tod zu befördern, ist jenseits unserer Berufung.

Natürlich setzen sich auch *Ärztinnen und Ärzte* intensiv mit dem Urteil des Bundesverfassungsgerichts vom Februar 2022 auseinander. Dabei wird immer wieder der sogenannte „Hippokratische Eid" erwähnt. Dieser Eid wurde im 4. Jahrhundert vor Christus vom griechischen Arzt Hippokrates von Kos formuliert und gilt als erste Zusammenstellung ärztlicher Pflichten. 1948 verfasste der Weltärztebund eine Neuformulierung des alten Eids unter dem Namen „Genfer Gelöbnis".

Beide Texte sind für Ärztinnen und Ärzte eine wichtige Leitlinie. Allerdings werden sie von Medizinerinnen und Medizinern nicht formal geschworen. Es gibt keine Art „öffentliches Ärzte-Gelöbnis", wie etwa bei der Vereidigung von neuen Bundeswehr-Rekrutinnen und -Rekruten. Die Anliegen von Hippokratischem Eid und Genfer Gelöbnis spiegeln sich aber im ärztlichen Standesrecht.

Die Erfahrung, dass Ärzte (und, damals noch nicht im Blick: Ärztinnen) gebeten werden, beim Sterben zu helfen, kannte bereits der ehrwürdige Hippokratische Eid. Und er lehnt dies ausdrücklich ab: „Ich werde niemandem, auch auf seine Bitte nicht, ein tödlich wirkendes Gift geben und auch keinen Rat dazu erteilen", heißt es dort. Das Genfer Gelöbnis formuliert es etwas anders, aber ähnlich: „Die Erhaltung und Wiederherstellung der Gesundheit meiner Patienten soll oberstes Gebot meines Handelns sein."

Auch die ärztliche Berufsordnung, oft „Standesrecht" genannt, äußerte sich bisher ablehnend zur Suizidbeihilfe. Das Standesrecht ist, anders als Eid und Gelöbnis, für die Ärzteschaft in Deutschland verbindlich. Es enthielt bis Mai 2021 den Satz „Der Arzt darf keine Hilfe zur Selbsttötung leisten."[121] Nach dem Urteil des Bundesverfassungsgerichts vom Februar 2020 stand die Frage im Raum, was dies für das ärztliche Standesrecht bedeutet. Nach intensiver Diskussion beschloss der Deutsche Ärztetag am 5. Mai 2021, die Regelung zur Hilfe zur Selbsttötung ersatzlos zu streichen.[122] Das Standesrecht überlässt es seitdem dem Gewissen des einzelnen Arztes bzw. der einzelnen Ärztin, ob Suizidbeihilfe geleistet wird oder nicht. Der Präsident der Bundesärztekammer, Klaus Reinhardt betonte, dass Suizidbeihilfe nicht zu einer normalen ärztlichen Dienstleistung werden dürfe.

Die Frage, ob körperlich gesunden, aber lebensmüden Menschen Beihilfe zur Selbsttötung geleistet werden soll, wird in der Ärzteschaft recht unterschiedlich beurteilt. Eine Ärztin, mit der wir kooperieren, drückte es so aus: „Im Standesrecht gibt es zur Suizidbeihilfe nun eine Leerstelle. Wo früher eine

---

121 Paragraf 16 Satz 3 der (Muster-)Berufsordnung (MBO-Ä).
122 Bericht unter www.aerzteblatt.de/nachrichten/123539/Aerztetag-
streicht-berufsrechtliches-Verbot-der-aerztlichen-Suizidbeihilfe
(zuletzt abgerufen: 10.7.2023).

klare Anweisung stand, steht nun: nichts. Was aber genau jetzt zu tun und angemessen ist, darüber sind wir Ärztinnen und Ärzte uns uneins."

17 Arm, einsam, weiblich

Eine Bemerkung in den unterschiedlichen Vorträgen, die es 2021 im Zusammenhang mit dem Beratungsprozess der Diakonie Deutschland gab, hat mich aufhorchen lassen: Es sind anscheinend mehrheitlich Frauen, die durch Suizidassistenz aus dem Leben scheiden. Das belegen Untersuchungen aus der Schweiz und aus Oregon.[123] Müssen wir uns daher sorgen, dass in Deutschland vor allem Frauen und insbesondere alte, verwitwete Frauen die Möglichkeit des assistierten Suizids in Anspruch nehmen werden? Das scheint mir eine wesentliche Frage zu sein, und wir dürfen die Entwicklung nicht unbeobachtet laufen lassen.

Es ist jetzt schon so: Die meisten Ehemänner sterben vor ihren Frauen.[124] Die Ehefrauen wiederum begleiten und pflegen ihre Männer bis zum Tod, oft über viele Jahre, wie ich es im Gemeindepfarramt selbst häufig erlebt habe. Nur selten ster-

---

123 Reinhold Lindner, digitaler Vortrag am 10. September 2021 beim Fachtag Suizidprävention der Diakonie Deutschland, https://youtu.be/RgDjuhr635Y (zuletzt abgerufen: 10.7.2023). In den Niederlanden scheint das aber anders zu sein, vgl. Regionale Kontrollkommission für Sterbehilfe (Niederlande), Jahresbericht 2021.

124 de.statista.com/statistik/daten/studie/273406/umfrage/entwicklung-der-lebenserwartung-bei-geburt-in-deutschland-nach-geschlecht/ (zuletzt abgerufen: 10.7.2023).

ben Männer im Pflegeheim, weil ihnen die Familie – und das heißt in der Regel: die Ehefrauen das Sterben zu Hause ermöglichen.[125] Die älteren Frauen, die verwitwet zurückbleiben, leben dann entweder alleine in ihren Wohnungen, oder sie verlassen irgendwann die vertraute Umgebung, weil sie es alleine nicht mehr schaffen. Sie ziehen zu ihren Familien[126] oder in ein Seniorenheim. Dort leben überwiegend Frauen.[127]

In der Schweiz und in Oregon ist nun zu beobachten, dass es vor allem Frauen sind, die um Suizidassistenz bitten. Auch in Deutschland deutet sich diese Entwicklung an.[128] Dies hat vermutlich damit zu tun, dass sie einsam, in Altersarmut[129] geraten sind oder niemandem zur Last fallen möchten.

„Ich will niemandem zur Last fallen", dieses Argument hören wir in unseren Pflegeheimen immer wieder, insbesonere von

---

125 Das Sterben im Krankenhaus aufgrund notfallmäßiger Einweisung oder nach Operationen ist hier nicht mit genannt.
126 Laut statistischem Bundesamt wurden 2019 vier von fünf Pflegebedürftigen zu Hause versorgt.
127 www.sozialpolitik-aktuell.de/files/sozialpolitik-aktuell/_Politikfelder/ Gesundheitswesen/Datensammlung/PDF-Dateien/abbVI48.pdf (zuletzt abgerufen am 10.7.2023).
128 Laut einer Statistik der Deutschen Gesellschaft für Humanes Sterben, https://www.dghs.de/fileadmin/content/07_presse/ 01_Presseerklaerungen/pdf/22022023_PK_Statistik1.pdf (zuletzt abgerufen am 10.7.2023).
129 Mehr als jeder fünfte über 80 ist von Altersarmut bedroht. Quelle: Bundesministerium für Familie, Senioren, Frauen und Jugend, https://www.bmfsfj.de/bmfsfj/aktuelles/alle-meldungen/ fast-ein-viertel-der-ueber-80-jaehrigen-in-deutschland-leidet-unter- altersarmut-190066 (zuletzt abgerufen: 10.7.2023.
Die Armutsgefährdungsquote der älteren Männer ab 65 Jahren liegt bei 13,7 Prozent, bei den über 65-jährigen Frauen jedoch bei 18,2 Prozent (Statistisches Bundesamt 2019).

Frauen.[130] Die alten Damen haben ihr Leben lang Kinder aufgezogen, sich um die eigenen Eltern gekümmert und schließlich den Ehemann gepflegt. Und nun, da sie selbst Hilfe brauchen, fällt es ihnen ausgesprochen schwer, Unterstützung in Anspruch zu nehmen. Vielleicht weil diese Frauen wissen, wie viel Kraft das kostet. Aber sie haben auch erlebt, dass man ihnen zu wenig erlaubt hat, die eigenen Bedürfnisse wahr- und für sich selbst Raum in Anspruch zu nehmen.

Warum ist es für sie eigentlich so schlimm, anderen „zur Last zu fallen"? Eine Erklärung ist, dass sie in ihrer Kindheit so geprägt worden sind. Denn derzeit wird eine Generation alt und gebrechlich, die aufgrund der Kindheit in Krieg und Nachkriegszeit gelernt hat, bescheiden zu sein und sich stark zurückzunehmen. Nur so konnten Bombenkeller, Flucht, Vertreibung oder Hunger überhaupt überstanden werden.[131] Die damaligen Kinder passten sich der Bedrohung an. Sie waren still, bescheiden und zurückhaltend. Sie durften keine Last sein, und so fielen sie auch nicht zur Last, damit die Familie nicht in Gefahr geriet. Das taten sie nicht bewusst, aber diese Erfahrungen stecken tief in ihnen, und diese Haltung ist bis heute fest in ihnen verankert. In den letzten Jahren erschienen eine Reihe von wissenschaftlichen Untersuchungen und romanhafte Aufarbeitungen über die Kriegskinder und ihre Familien, die diese

---

130 Sabine Pleschberger: Nur nicht zur Last fallen. Sterben in Würde aus der Sicht alter Menschen in Pflegeheimen, Freiburg 2005.
131 Ähnlich reagieren die ukrainischen Kinder auf den russischen Angriff. „Die Kinder sind ganz still", erzählen unsere Mitarbeitenden, die Flüchtlingsfamilien von der polnisch-ukrainischen Grenze nach Deutschland gefahren haben.

Zusammenhänge deutlich aufzeigen.[132] Das legt die Vermutung nahe: Der Weg in den assistieren Suizid könnte für diese alten Frauen weit weniger „selbstbestimmt" begründet, sondern eher eine Langzeitfolge des Krieges sein!

Hinzu kommt: Diese alten Frauen sind ihren Kindern und Enkeln in tiefer Liebe verbunden. Sie wollen das Beste für sie. Sie sollen ihr Leben leben und nicht die besten Jahre mit der Pflege der alten Mutter oder Großmutter verbringen müssen. Was die Frauen selbst klaglos und selbstverständlich geleistet haben, wollen sie der eigenen Familie nicht zumuten.

Das „Niemand" in dem Satz „Ich will niemandem zur Last fallen" meint also sehr häufig die eigene Familie und die nachfolgenden Generationen. Deshalb haben die Kinder und Enkel eine besondere Verantwortung. Sie können dazu beitragen, dass diejenigen, die ihnen selbst ins Leben geholfen haben, nun Hilfe annehmen. In den allermeisten Familien wird das so gelebt. Ich habe viele Familien vor Augen, die ihre Mütter und Großmütter oft über Jahre hinweg liebevoll und dankbar gepflegt haben. Die Belastung wurde nicht kleingeredet, aber durch anderes aufgewogen: „Endlich kann ich meiner Mutter zurückgeben, was sie mir geschenkt hat, als ich klein war und sie brauchte". Oder: „Ich genieße jeden Tag, den meine Oma noch um mich ist."

---

132 Susanne Bode, Die vergessene Generation, Kriegskinder brechen ihr Schweigen, Stuttgart 2004; Jürgen Wiebicke, Sieben Heringe. Meine Mutter, das Schweigen der Kriegskinder und das Sprechen vor dem Sterben, 3. Auflage, Köln 2021.

Alten Frauen hat man in ihrem Leben oft kaum zugestanden, auf die eigenen Bedürfnisse zu achten. Sie brauchen nun umso mehr das deutliche Signal: „Es ist gut, dass du da bist. Wir sind gerne mit dir zusammen. Wir möchten dich um uns haben." Sind Familien weniger geübt, freundliche Worte zueinander zu sagen – oder gibt es tatsächlich wirtschaftliche Not und viel belastenden Stress, dann verstärkt dies die eingeübte Grundhaltung: „Nur nicht zur Last fallen!" Der Schritt ist dann nur klein hin zu: „Ich verabschiede mich besser schnell eigenhändig, denn dann geht es den anderen wieder besser!"

Nicht nur Frauen, auch Männer sind gerade im Alter von *Einsamkeit* betroffen. Alleinsein aber kann die Frage nach Suizidassistenz fördern! Der Heidelberger Altersforscher Andreas Kruse hat dargestellt, wie eng Einsamkeit und Suizidwunsch zusammenhängen. „Die Studienlage ist eindeutig: Im Falle lange bestehender Einsamkeit nimmt die Lebensbindung des Menschen immer weiter ab, die Suizidgedanken immer weiter zu."[133] Die Bitte um Hilfe zum Sterben kann dann selbstbestimmt und stabil sein. Wer aber weiß, dass Einsamkeit dahintersteckt, kann doch nicht guten Gewissens dem Sterben zustimmen.

Auch *Armut* kann zum Motiv für assistierten Suizid werden. In Kanada ist die Debatte über die Beihilfe zum Suizid neu entflammt, weil dort die Schicksale mehrerer Menschen bekannt wurden, die sich wegen fehlendem Wohnraum dazu entschie-

---

133 Andreas Kruse, Einfühlsame Störfragen, in: FAZ, 14.3.2021, 6 (Zitat leicht gekürzt).

den haben.[134] Studien der Europäischen Union in 26 Ländern belegen, dass Arbeitslosigkeit die Suizidrate erkennbar erhöht.[135] Ähnliches gilt für Menschen, die mit ihrer Firma in die Zahlungsunfähigkeit geraten. Hier gilt dasselbe wie zur Einsamkeit: Es wäre zynisch, einem verarmten Menschen Suizidbeihilfe zu organisieren, anstatt für eine bessere Versorgung zu sorgen.

Dass auch **Männer in der vierten Lebensphase** in deutlich erhöhter Zahl Suizid begehen, darauf weisen Reiner Anselm, Claudia Bausewein, Peter Dabrock und Wolfram Höfing hin:[136] Dies könnte ein Zeichen dafür sein, „dass es bisher nicht gelingt, dieser schwierigen Lebensphase Sinn abzugewinnen und der Vereinsamung entgegenzuwirken – beides dürfte einander bedingen. Angesichts dieser Herausforderung muss umfassend und partizipativ nach Möglichkeiten gesucht werden, um phantasievoll und kreativ neue Lebens-, Rollen- und Gemeinschaftsideen zu entwickeln – für die betroffenen Personen, aber auch im intergenerationellen Miteinander."[137]

Ich hoffe sehr, dass Frauen- und Seniorenverbände die Entwicklung des assistierten Suizids in Deutschland aufmerksam be-

---

134 Das betonte Johanna Will-Armstrong, Vorstandsmitglied der von Bodelschwinghschen Stiftungen Bethel, in einem Vortrag und verwies auf einen Zeitungsartikel: The Guardian, 11. Mai 2022: Are Canadians being driven to assisted suicide by poverty or healthcare crisis? www.theguardian.com/world/2022/may/11/canada-cases-right-to-die-laws (zuletzt abgerufen: 10.7.2023).

135 Ferdinand von Schirach zitiert diese Studien in seinem Theaterstück „Gott", München 2020, S. 51/52.

136 Artikel „Recht auf Leben, Rechte im Sterben", Frankfurter Allgemeine vom 14.5.2023.

137 Partizipativ = mit Beteiligung der Betroffenen. Intergenerational = generationenübergreifend.

obachten! Werden verwitwete Frauen, verarmte Menschen oder vereinsamte alte Männer zunehmend zum assistierten Suizid greifen? Nicht alle werden dies wirklich nur aus „autonomer Selbstbestimmung" heraus tun, sondern sie können getrieben sein von der Sorge um die Familie, von Traurigkeit, von Alleinsein, von Schulden oder dem drohenden Verlust der Wohnung.

Auf Kirchengemeinden, ambulante Pflegestationen und diakonisch-karitative Vereinigungen kommt eine besonders wertvolle Aufgabe zu.[138] Tafeln oder Beratungsstellen kennen die Menschen, die im Alter unter Armut leiden und einsam geworden sind. Sozialstationen und Kirchengemeinden kennen die Witwen, weil sie durch Pflege, Besuche oder Beerdigung in Kontakt mit ihnen kamen. Sie weiterhin im Blick zu haben, für ihre Ängste ein offenes Ohr mitzubringen und ihre Rechte zu kennen, ist eine wirklich leben-schützende Tätigkeit, der sich hoffentlich viele in den Dörfern und in der Anonymität der Großstadt widmen.

Leider fehlt für ein engeres Zusammenwirken der Pflegedienste und Beratungsstellen mit anderen sozialen Vereinigungen häufig die Zeit, die Gelegenheit oder das Geld. Und der Datenschutz gilt natürlich! Sozialstation oder Tafel dürfen zu Recht nicht einfach einer Kirchengemeinde oder einer Nachbarschaftshilfe mitteilen, wer in welchen Häusern alleine zurückgeblieben ist. Aber hier ist mehr Zusammenwirken nötig! Diakoniestation und Kirchengemeinden könnten etwa mit ge-

---

138 Wie stark hier die Gemeindepfarrerinnen und -pfarrer gefragt sein werden, beschreibt eindrücklich Eilert Herms, Assistierter Suizid. Das Urteil des BVerfG vom 26. Februar 2020 und seine Pointe – theologische Beurteilung – Konsequenzen für das Pfarramtliche Handeln. In: ZThK 119 (2022), bes. S. 168.

meinsamen Besuchsdiensten zwischenmenschliche Kontakte und seelsorgerliche Begleitung anbieten, ohne den Datenschutz zu verletzen.

18 Hilfreiche Gespräche

„Ich will nicht mehr leben. Können Sie mir nicht etwas geben, damit ich einfach für immer einschlafen kann?!" Nahezu alle, die in Medizin, Hospiz oder Pflege arbeiten, kennen diese Bitte. Auch Seelsorgerinnen und Psychologen wurden bisher gelegentlich gebeten, „ihre Beziehungen spielen zu lassen", damit das Leben beendet werden kann. Und natürlich hören vor allem die Angehörigen diese Bitte.

Eine wesentliche Erfahrung aus der Begleitung von kranken oder alten Menschen ist: Dieser Satz ist keine eindeutige Aufforderung, umgehend einen assistierten Suizid einzuleiten. Es gehört zur Ausbildung von Seelsorgerinnen, Psychologen und Pflegekräften und in der Regel von angehenden Ärztinnen und Therapeuten, dass sie dieses Erfahrungswissen vermittelt bekommen.[139] Sie lernen, wie eine hilfreiche Reaktion aussehen kann, die ein ehrliches Gespräch eröffnet, damit sie die Sorgen

---

139 Der australische Arzt, der eine Selbsttötungsmaschine entwickelt hat – Bericht im SPIEGEL 30/2022 – begründet dies damit, dass ihm schon viele Menschen gesagt haben, sie wollten sterben. Er hat anscheinend nicht wahrgenommen, dass dieser Satz in der Regel keine Handlungs-, sondern eine Gesprächsaufforderung ist.

wirklich tiefgehend verstehen und erfahren können, welche eigentlichen Ursachen hinter dieser Bitte stecken.[140]

Wenn Angehörige erstmals erleben, dass ein lieber Mensch eine solche Bitte äußert, sind sie häufig sehr erschüttert und verunsichert: „Will die Mutter wirklich sterben? Soll ich dem Vater tatsächlich Suizidhilfe organisieren? Was soll ich denn jetzt machen? Was soll ich antworten?" Eine solche Bitte löst sehr viele und sehr unterschiedliche Gefühle bei denen aus, die sie hören. Die Erfahrung aus Pflege, Seelsorge und Therapie ist aber durchaus positiv: Diese Bitte kann der Auftakt sein zu wirklich guten, tiefen und stützenden Gesprächen. Und in der Regel steht am Ende eben nicht die Selbsttötung.

Wird solch eine Bitte von einem alten oder kranken Menschen geäußert, ist das Ziel also nicht, sofort eine „Ja"- oder „Nein"-Antwort zu erhalten. Deshalb wäre eine schnelle Zustimmung wie „Ja klar, darum kümmere ich mich sofort und rufe den Freitod-Begleitverein an" ebenso unangemessen wie die harsche Ablehnung „Wie kannst du das von mir verlangen?!" Es geht bei solchen Bitten nicht darum, nun eine Grundsatz-Diskussion zu beginnen über den assistierten Suizid. Ein solcher Satz ist vielmehr der ernsthafte und dringliche Wunsch: „Bitte nimm dir jetzt Zeit für mich! Hör mir zu, wie es mir geht und was ich jetzt brauche. Lass mich mit meinen traurigen Gedanken nicht alleine!"

---

140 Prof. Claudia Bausewein, Deutsche Gesellschaft für Palliativmedizin, 3. Kamingespräch zum Assistierten Suizid, www.diakonie-wissen.de/web/grp/assistierter-suizid (zuletzt abgerufen: 10.7.2022).

Eine solche Bitte ist meistens noch gar nicht der Abschluss einer langen Gedankenreihe. Wer diese Bitte äußert, hat nicht einen gründlich-abwägenden Überlegungsweg hinter sich, hat nicht das Für und Wider des assistierten Suizids ausführlich erwogen und sich nach reiflicher Überlegung zum Sterben entschlossen. Sondern diese Bitte ist oft mehr ein Seufzen, ein Ruf nach „Nicht-alleine-sein". Sie kann der Auftakt sein zu einer ganzen Reihe von Gesprächen mit offenem Ausgang.

Die Bitte „Hilf mir sterben!" drückt zuerst einmal viel Verzweiflung, Trauer und Schmerz aus. Und diese Gefühle brauchen Raum. Deshalb sollte sich der Gesprächspartner bzw. die Gesprächspartnerin selbst völlig zurücknehmen und nicht mit den eigenen Gedanken, Fragen oder Ideen loslegen. Es geht jetzt um den lebensmüden Menschen, der nun im Mittelpunkt stehen soll. Daher gilt es, liebevoll nachzufragen: „Ist es so schlimm geworden, dass du nicht mehr leben willst?!" Und dann darf der sterbenswillige Mensch erzählen, was den Lebensmut wegnimmt und was das Leben so unerträglich macht. Darf von Schmerzen reden und von Enttäuschung, Vereinsamung und Mutlosigkeit. Wer solche Gespräche häufiger geführt hat, weiß, wie schwer es oft fällt, das alles aushalten zu müssen – aber auch, wie gut es einem kranken Menschen tut, aufrichtig zu spüren: Hier nimmt mich jemand ernst mit meinen Sorgen und meiner Last.

Solche Gespräche brauchen jedoch Zeit! Diese Zeit ist im stressigen Alltag der Krankenhäuser und Pflegeheime oft nicht gegeben. Hospize zeichnen sich dadurch aus, dass in ihnen viel mehr Freiraum ist für solche tiefgehenden Gespräche. Doch auch in Pflegeheimen und Krankenhäusern gibt es Menschen, die genau für solche Gespräche ausgebildet und da sind, beispielsweise die Seelsorgerin, der Psychologe oder die Ehrenamtlichen vom Besuchs- oder Hospizdienst. Wer eine Bitte um Suizidhilfe hört, kann und soll sich an diese Menschen wenden, sie anrufen und um Unterstützung bitten!

Wer von sich selbst weiß: „Ich fühle mich überfordert und wüsste gar nicht, wie ich auf eine solche Bitte reagieren sollte", kann antworten: „Du, die Frage nach dem Sterben überfordert mich im Moment. Gib mir ein bisschen Zeit, dass ich darüber nachdenke." Bis zum nächsten Besuch ist dann Gelegenheit, sich selbst ein wenig kundiger zu machen, welche Antwort guttäte. Oder aber beim nächsten Besuch zu sagen: „Du hast mich doch nach dem Sterben gefragt. Ich war bei der Seelsorgerin hier vom Haus. Die hat gute Gedanken dazu, und ich habe sie gebeten, dass sie dich besuchen kommt." Oft ist die Vermittlung von Hilfe die beste Hilfe! Es muss aber eine echte Vermittlung sein, also nicht bloß der Hinweis: „Du könntest mal mit dem oder der reden." Sondern: „Ich sorge dafür, dass jemand kommt, mit dem du gut darüber reden kannst."

Wird die Bitte nach dem Sterben sorgsam aufgenommen, ergeben sich dabei oft Ansätze, was das Leben leichter machen kann: Intensivere Medikamente oder Krankengymnastik, mehr Besuch oder weniger Trubel, salzärmeres Essen oder manchmal einfach mehr frische Luft. Es ist erstaunlich, wie oft recht schlichte Veränderungen dabei helfen, einen Sterbewunsch zurückzustellen. Oder es stellt sich heraus, dass die bisherige Versorgung wirklich nicht mehr ausreicht! Dann steht vielleicht der Wechsel in ein Pflegeheim oder Hospiz an. Das ist ein großer Schritt, doch zugleich einer, durch den die Schmerzen besser behandelt und die Angehörigen entlastet werden können. Hinter dem Satz „Ich will nicht mehr leben", steckt also oft die

Botschaft „Ich will *so* nicht mehr leben." Es lohnt sich herauszufinden, was das „so" ist!

„Können Sie mir etwas zum Sterben geben", diese Bitte kann auch bedeuten: „Ich kann nicht mehr. Alle Therapien machen mich müde. Ich will mich jetzt auf den Tod vorbereiten, weil ich spüre, es ist so weit. Bereite auch du dich darauf vor, dass ich bald sterben werde." Die Bitte um Suizidassistenz ist dann keine echte Aufforderung dazu, sondern der Versuch, die Angehörigen mitzunehmen auf die letzte Wegstrecke und mit ihnen gemeinsam in das natürliche Sterben einzuwilligen.

Und selbst wenn hinter diesem Satz tatsächlich ein fest gefügter Sterbewille steht, selbst dann sollten sich Angehörige und Begleitpersonen Zeit zum Gespräch nehmen und nachvollziehen, was hinter dieser Bitte steckt. Ein wirklich sterbewilliger Mensch hat es verdient, dass nach den Beweggründen gefragt wird und dass andere Möglichkeiten nochmal besprochen werden. Der Schritt ist zu entscheidend, als ihn schnell zu gehen.

Oftmals steckt hinter der Bitte um Suizidhilfe die Angst vor qualvollem Sterben. Der Satz „Ich will sterben" bedeutet dann „Ich fürchte mich vor schlimmem Sterben!" Dann ist es wichtig, gut informiert auf diese Ängste zu reagieren. Deshalb braucht es die Auskunft von Fachleuten wie Ärztinnen, Pflegern oder Palliativ-Fachkräften. Sie begleiten in ihrem Beruf nahezu täglich Sterbende, und sie wissen wirklich, was hilft und was eher nicht. In unseren Seniorenheimen machen wir die Erfahrungen, dass wir nahezu allen Bewohnerinnen und Bewohnern die Angst vor einem qualvollen Sterben nehmen können, wenn unsere Fachkräfte ihnen schildern, welche schmerzstillenden Möglichkeiten sie haben.[141] Werden diese Ängste genommen, verschwindet der Sterbewille meist wieder. Wenn Angehörige von solchen Ängsten ihrer Liebsten erfahren, ist es deshalb wichtig, dass sie sich an die Fachleute von Pflegedienst oder Hausarztpraxis wenden und um Unterstützung bitten. Hier wäre eine sofortige Terminvereinbarung mit einem Suizidverein ein überhasteter Schritt!

Ebenso die Angehörigen brauchen Beratung! Denn der Sterbeprozess fühlt sich oft für die Familie ganz anders an als für den sterbenden Menschen selbst. Zum Beispiel atmen Sterbende oft rasselnd. Das klingt für die Angehörigen fürchterlich, und sie haben den Eindruck, dass der Sterbeprozess arg quälend sein muss. Dabei empfindet der sterbende Mensch selbst überhaupt keine Beschwerden beim Atmen. Es hört sich nur von außen schlimm an.[142] Wer das weiß, kann die verstörenden Geräusche viel leichter ertragen.

„Ich will sterben" kann ein Signal sein für die Sehnsucht „Ich will nicht alleine sterben!". In einer Gesellschaft, in der viele Familien weit über das Bundesgebiet oder die Welt verteilt sind, leben viele Ältere in Einsamkeit. Und natürlich kann ehrenamtlich nie ausgeglichen werden, was in früheren Jahrhunderten durch einen engen Familienverbund geleistet wurde. Aber dennoch lohnt es sich, Besuche zu organisieren. Kirchengemeinden, diakonische Einrichtungen, Nachbarschaftshilfen oder Hospizvereine sind hier wirklich ansprechbar!

---

141 Siehe Kapitel 15.
142 Gute Angehörigen-Informationen über den Sterbeprozess finden sich etwa in der kleinen Broschüre „Begleite mich auf meiner letzten Reise. Was passiert beim Sterben?" von Tim Reinhold.

Sehr häufig entspringt die Bitte „Kannst du mir nicht etwas zum Sterben besorgen" der Angst davor, die Kontrolle über das eigene Leben zu verlieren und zwar so, dass man als bemitleidenswert, vielleicht sogar als lächerlich erlebt wird. Das ist eine sehr nachvollziehbare Sorge. Das will niemand: die vertraute Persönlichkeit verlieren und alle Vollmacht darüber, was aus dem eigenen Leben wird. Die Antwort auf diese Bitte ist vielschichtig. Entscheidend ist, dass Angehörige und andere Begleitpersonen glaubhaft vermitteln können: „Ja, auch wenn du anders wirst, du bist doch unser lieber Vater, unsere liebe Mutter. Wir bleiben bei dir, darauf kannst du dich verlassen! Wir wollen dich nicht verlieren, und wir gehen diesen Weg mit dir, was auch immer kommt."

Diese Antwort muss aber von Herzen kommen. Denn ein Mensch, der voller Furcht auf seine Zukunft schaut, spürt und fühlt, ob diese Antwort wirklich ernst gemeint ist. Sie braucht daher eine gelebte Praxis im Vorfeld: Wie wurde in der Familie bisher mit gebrechlichen und vergesslichen Menschen umgegangen? Wurde dort immer über verwirrte Menschen gespottet? Dann ist es sicherlich sehr viel schwieriger, glaubhaft zu versichern: „Wir werden dich weiter ehren". Wie anders ist es, wenn schon die längst verstorbenen Urgroßeltern in ihrem Alter respektvoll behandelt wurden! Hier besteht eine Generationenverantwortung in der Familie, damit die altwerdenden Menschen die Gewissheit haben können: Sollte ich die Kontrolle über mein Leben verlieren, werde ich von meinen Leuten gut behandelt werden!

Ähnliches gilt für die Pflege: Nur dort, wo schon jetzt mit dement gewordenen Menschen respektvoll umgegangen wird, kann ich die Gewissheit haben, dass man auch mich gut behandeln wird. Es ist ein Qualitätsmerkmal, das bei der Auswahl von Seniorenheimen oder ambulanter Pflege mit bedacht werden muss. Die Berichte der Krankenkassen geben hierzu wichtige Auskunft,[143] aber auch bei eigenen Besuchen können Sie sich ein Bild machen: Was wird für Menschen mit Demenz angeboten? Wie spricht man mit ihnen? Mit welcher Haltung werden sie behandelt? Das ist sehr schnell erkennbar! Eine Kollegin aus einer Einrichtung für Menschen mit dementiellen Erkrankungen berichtete mir: „Einer unserer Bewohner war Zeit seines Lebens ein immer korrekter, sorgsamer und einflussreicher Bankdirektor. Jetzt hat er immer wieder einmal Tage, da meint er, er sei ein Hund. Er sitzt dann auf dem Boden und bellt. Für uns bleibt er aber der Mensch, der er war. Sollte jemand von den Mitarbeitenden über ihn eine abfällige Bemerkung machen oder ihn auslachen, gäbe es eine Abmahnung. Aber so weit ist es noch nie gekommen, weil wir als Leitung vorangehen und immer vermitteln: Die Menschen, die hier leben, mögen sein wie sie sind – sie sind und bleiben Gottes geliebte Menschen, die wir respektvoll behandeln!"

Zur gelebten Praxis gehört aber noch mehr als nur der Alltag in Familien oder Pflegeheimen, sondern auch in unserer Gesellschaft: Wie gehen wir hier mit dementiell erkrankten Menschen um? Welche innere Grundhaltung haben wir? Was vermitteln wir unseren Kindern dazu? Welche finanziellen Mittel stellen wir bereit? Halten wir geistig beeinträchtige Menschen für lebenswert oder finden wir, dass sie letztlich doch sterbewürdig sind? Wir alle haben eine große Verantwortung für das Klima, das in unserem Land herrscht und

---

143 Sie sind im Internet einsehbar, vgl. Kapitel 15.

das die nächste Generation prägen wird. Was wir heute tun, beeinflusst das Handeln derer, die nach uns kommen und die dann für uns die Entscheidungen treffen müssen. Damit wir selbst uns eines Tages einmal, wenn wir gebrechlich geworden sind, anderen anvertrauen können, müssen wir heute die Weichen stellen. Was wir jetzt vorleben, wird uns später einmal entgegenkommen. Von den Gebrüdern Grimm ist dazu eine weise Geschichte überliefert, die weit mehr ist als nur ein Kindermärchen:[144]

Es war einmal ein steinalter Mann, dem waren die Augen trüb geworden, die Ohren taub, und die Knie zitterten ihm. Wenn er nun bei Tische saß und den Löffel kaum halten konnte, schüttete er Suppe auf das Tischtuch, und es floss ihm auch etwas wieder aus dem Mund. Sein Sohn und dessen Frau ekelten sich davor, und deswegen musste sich der alte Großvater endlich hinter den Ofen in die Ecke setzen, und sie gaben ihm sein Essen in ein irdenes Schüsselchen und noch dazu nicht einmal satt; da sah er betrübt nach dem Tisch und die Augen wurden ihm nass. Einmal auch konnten seine zittrigen Hände das Schüsselchen nicht festhalten, es fiel zur Erde und zerbrach. Die junge Frau schalt. Er sagte nichts und seufzte nur. Da kaufte sie ihm ein hölzernes Schüsselchen für ein paar Heller, daraus musste er nun essen. Wie sie da so sitzen, so trägt der kleine Enkel von vier Jahren auf der Erde kleine Brettlein zusammen. „Was machst du da?" fragte der Vater. „Ich mache ein Tröglein," antwortete das Kind, „daraus sollen Vater und Mutter essen, wenn ich groß bin." Da sahen sich Mann und Frau eine Weile an, fingen endlich an zu weinen, holten

144 www.grimmstories.com/de/grimm_maerchen/der_alte_grossvater_
    und_sein_enkel (zuletzt abgerufen: 7.10.2023).

alsofort den alten Großvater an den Tisch und ließen ihn von nun an immer mitessen, sagten auch nichts, wenn er ein wenig verschüttete.

Haltungen

19 „Gott" – ein Theaterstück

Ferdinand von Schirach gehört zu den einflussreichsten deutschen Schriftstellern unserer Zeit. Von Hause aus Anwalt, veröffentlicht er regelmäßig Kurzgeschichten, Romane oder Theaterstücke, in denen er auf ansprechende Weise Rechtsfragen aufgreift, die er verständlich und erlebbar macht. In manchen seiner Texte geht es um komplizierte Fälle von Notwehr oder Selbstjustiz. Oder er widmet sich politisch strittigen Themen wie der Frage, ob ein Kampfpilot der Bundeswehr ein entführtes Flugzeug abschießen darf, das mit vielen Menschen an Bord von Terroristen in ein riesiges, vollbesetztes Stadion gelenkt werden könnte.[145] Aktuell engagiert sich Ferdinand von Schirach dafür, dass die allgemeine Erklärung der Menschenrechte ergänzt wird, um auf die Herausforderungen durch Globalisierung, Klimawandel und Digitalisierung besser reagieren zu können.[146] Das ist eine sehr unterstützenswerte und hoffentlich von Erfolg gekrönte Initiative!

Im September 2020 wurde sein Theaterstück „Gott" uraufgeführt.[147] Darin greift von Schirach die Debatte um den assis-

---

145 Ferdinand von Schirach, Terror. Ein Theaterstück und eine Rede, 16. Auflage, München 2016.
146 Ferdinand von Schirach, Jeder Mensch, München 2021.
147 Ferdinand von Schirach, Gott. Ein Theaterstück, München 2020.

tierten Suizid auf. Das Stück lässt das Publikum teilhaben an der Sitzung eines Ethikrats. Er verhandelt darüber, ob einem 78-jährigen, körperlich völlig gesunden Mann ein todbringendes Medikament ausgehändigt werden darf, damit er sich das Leben nehmen kann. Nacheinander legen Mitglieder des Ethikrats, medizinische und juristische Sachverständige sowie ein katholischer Bischof die verschiedenen Sichtweisen auf den assistierten Suizid dar. Der Verteidiger des Sterbewilligen nimmt sie jeweils ins Verhör, widerspricht ihnen oder pflichtet ihnen bei, je nachdem ob sie die Position seines Mandanten stärken oder nicht.

Als Pfarrerin interessiert mich natürlich besonders, wie von Schirach die christliche Sicht auf das Thema darstellt. Und er hat sich in der Tat sorgsam eingearbeitet. Allerdings bezieht er sich ausschließlich auf die römisch-katholische Sicht zum Suizid. Das ist nicht nur eine Engführung der viel breiteren christlichen Tradition. Sondern es ermöglicht ihm auch, zu einem fragwürdigen Verfahrenstrick zu greifen: „Stell die Glaubwürdigkeit des Gutachters in Frage, dann wirken auch seine guten Argumente gleich schwächer." Also wirft der Anwalt dem Bischof vor, wie viele Kinder durch römisch-katholische Priester missbraucht wurden. So dreht sich die Befragung des Bischofs zunächst gar nicht um seine Haltung zum assistierten Suizid, sondern um den Missbrauchsskandal in der katholischen Kirche. Dadurch gewinnt der Anwalt schnelle Sympathiepunkte beim Publikum – das später in die Rolle des Richters kommen und entscheiden wird. Hier muss sich Ferdinand von Schirach vorwerfen lassen, dass er mithilfe der missbrauchten Kinder und der schlimmen Verbrechen, die man an ihnen begangen hat, ablenkt von den bedenkenswerten Argumenten der christlichen Tradition und ihnen den Raum nimmt, der ihnen zustünde.

Denn was der Bischof einbringt, ist doch sehr bedenkenswert! Er spricht von Lebensschutz der Schwachen und dem Druck, der auf kranke oder alte Menschen ausgeübt werden kann. Er schildert die Verantwortung für depressive Menschen und gibt seiner Sorge Ausdruck, dass die „Tötung auf Verlangen" folgerichtig erlaubt werden müsste. Allesamt gewichtige Argumente! Durch den „Verfahrenstrick" werden sie aber im Handumdrehen weniger wert. Und sie werden vom Anwalt auch nicht aufgegriffen und diskutiert, sondern er zieht den Bischof hinein in eine Auseinandersetzung über mittelalterliche Theologie – obwohl der Bischof selbst diese gar nicht ins Feld geführt hatte. Auf diese Weise wird das Publikum weggelenkt von Lebens- und Opferschutz, über die der Bischof eigentlich gesprochen hatte. Und es entsteht der Eindruck, dass die Kirche letztlich nur krude, überkommene und komplizierte Belanglosigkeiten zu sagen hat.

Schade, dass von Schirach zu solchen – kann man sagen? – „Winkelzügen" gegriffen hat und dass damit in dem Theaterstück eine ernsthafte Diskussion über die ursprünglichen Argumente des Bischofs kaum zustande kommt! Der Autor hätte diese Szene auch ganz anders gestalten könne. Er hat ja alle Freiheiten, wie er sein Theaterstück aufbaut, die Rollen anlegt und die verschiedenen Mitspieler aufeinander reagieren lässt. Er hätte zum Beispiel anstelle eines katholischen Bischofs eine evangelische Pfarrerin sprechen lassen können oder – schließlich handelt es sich um *jüdisch*-christliche Tradition – sogar einen Rabbi. Anstatt mittelalterliche Gelehrte zu zitieren, hätte er die moderne Seelsorgepraxis bis hin zur Telefonseelsorge und christlichen Hospizen einfließen lassen können. Solche Antworten zum Lebensschutz wären aktuell gewesen und insgesamt für das Publikum viel leichter nachvollziehbar. Jedoch, das alles blendet er aus.

In der Verfilmung des Theaterstücks, die im November 2020 in der ARD ausgestrahlt wurde, werden diese Effekte noch einmal verstärkt. Denn mit Ulrich Matthes verkörpert ein wahrlich brillanter Schauspieler den Bischof – aber einer, der nach außen eher abweisend, manchmal sogar etwas unheimlich wirken kann. Ein Sympathieträger ist er in dieser Inszenierung wahrlich nicht! Wie anders wäre es, wenn von Schirach die Argumente von einer evangelischen Bischöfin hätte vortragen lassen, und wenn die Filmregie diese Rolle etwa mit Veronica Ferres besetzt hätte!

So aber kommen die wichtigen Argumente der jüdisch-christlichen Tradition nicht zum Zuge, die doch durchaus dazu beitragen können, Leben zu retten. Der christliche Glaube, der auch heute noch ungezählten Menschen dazu verhilft, in tiefsten Krisen zu neuem Lebenssinn zu finden, wird als ewig-gestrig beschrieben. Wer das Theaterstück oder die Verfilmung sieht, muss sich folglich gar nicht ernsthaft mit diesen Argumenten auseinandersetzen. Das ist allem Anschein nach vom Autor so gewollt und wird von der Filmregie noch weitergeführt. Ich habe das als durchaus manipulativ erlebt, zumal bei einem Thema, das Menschen gefühlsmäßig so bewegt.

Vielfach wird angeregt, dass „Gott" von Ferdinand von Schirach Pflichtlektüre in den Schulen wird. Ich kann nur hoffen, dass die Deutschlehrerinnen und -lehrer in der Besprechung die Einseitigkeiten dieses Stücks aufdecken. Übrigens haben auch Ärzteschaft, Anwaltsvertretungen und Richterverbände ihre Berufsstände als unzureichend und überzogen dargestellt erlebt. Als Theologin bin ich also mit meiner Kritik nicht allein!

Am Ende jeder Aufführung stimmt das Publikum ab. In den Theatersälen sind die Zuschauerinnen und Zuschauer immer mehrheitlich der Meinung, dass der Sterbewillige die tödlichen Medikamente erhalten kann. Bei der Ausstrahlung in der ARD waren es 70,8% aller, die zusahen und mitmachten.

In dem Theaterstück wird über das Recht des Menschen diskutiert, seinem Leben ein Ende zu setzen und dafür die Hilfe anderer in Anspruch zu nehmen. Aber eine wichtige Frage kommt kaum vor: Ob nämlich die Weichen schon im Vorfeld der dargestellten Ethikratssitzung anders hätten gestellt werden können. Denn wie ist der Kläger, Herr Gärtner überhaupt in die Lage geraten, dass er sterben will, und wie hat sich seine Überzeugung verstetigt? Das wird viel zu schnell abgehandelt. Es lohnt aber, hier genauer hinzuschauen!

Was ist Herrn Gärtner widerfahren? Er ist in tiefer Trauer, denn seine Frau ist gestorben. Er hat sie sehr geliebt. Und dann geschah ihm, was die allermeisten Menschen in seiner Lebenslage erleben: Er bekam eine Depression. Trauer um die geliebte Partnerin ist ein häufiger Auslöser für eine depressive Erkrankung. Depressionen sind noch viel schlimmer als Trauer: Sie ersticken jeden Lebenswillen. Aber sie sind behandelbar! Zwar wird die Lücke, die der Tod ins Leben riss, immer bleiben, und die Traurigkeit wird nie völlig weichen. Aber gegen die lebensfeindlichen Depressionen ist Hilfe möglich![148]

Herr Gärtner jedoch fand nicht die Hilfe, die er in dieser Lage hätte brauchen können. Von Schirach konstruiert hier einen medizinischen Hintergrund, der einem die Haare zu Berge stehen lässt: Herr Gärtner wurde nicht von einer fachkundigen Hausarztpraxis, sondern von einer *Augenärztin* begleitet – die

---

148 Siehe Kapitel 6.

sicherlich viel über Augen weiß, aber doch nur wenig allgemeinmedizinische Kenntnis haben kann, die auch das Seelenleben von Menschen umfasst.[149] Aus meiner Sicht ist das eine echte ärztliche Anmaßung! Herr Gärtner bekam – das lässt sich aus einer kurzen Szene ableiten – wohl erst recht spät die Möglichkeit zu einer Gesprächstherapie. Er lehnte aber lindernde Medikamente ab, die seine Seele in dieser dunklen Zeit ein wenig hätten aufhellen könnten. Warum beunruhigte das die Söhne nicht, beide gebildete Leute?! Die Ablehnung von Medikamenten kann doch ein Anzeichen für eine sich verschlimmernde Depression sein! Und dass diejenigen, die Herrn Gärtner vor der Verhandlung des Ethikrats psychiatrisch begutachteten, nicht erkannten, dass er eine verfestigte Depression hat, ist ja wohl dichterische Freiheit, aber keine Realität! Herrn Gärtner fehlten in seinem ganzen Umfeld Menschen, die nicht nur seinen Schmerz verstehen und nachvollziehen können, sondern die auch die Ausdauer haben, mit ihm den langen Weg aus der Resignation heraus zu gehen und neue Sichtweisen auf das eigene Leben zu entdecken.

Von Schirach hat hier eine Persönlichkeit erdacht, die doch eher depressiv und damit psychisch krank ist – und eben nicht seelisch gesund und damit selbstbestimmt. Wäre es nicht Aufgabe einer fürsorgenden Gemeinschaft, einen seelisch belasteten Menschen nicht einfach seiner Verzweiflung zu überlassen, sondern gegen seine Depressionen anzusprechen? Stattdessen begegneten Herrn Gärtner Menschen wie der Anwalt, die ihn

---

149 Die Ausbildung zum „Facharzt/-ärztin für Allgemeinmedizin" dauert nach dem Medizinstudium rund 60 Monate und umfasst umfangreiche fachärztliche Spezialisierung.

in der depressiven Haltung bestärken, dass sein Leben nach dem Tod seiner Frau nun auch wirklich todeswert ist.

Und anstatt eine aufrichtende und wirklich für die Seele sorgende Begleitung Trauernder zu fordern, wird dem Witwer dann noch von über 70% des öffentlich-rechtlichen Fernsehpublikums bestätigt: „Ja, auch wir halten dich für sterbenswürdig!" Damit erklären diese 70,8% – sicher ohne es zu wollen und über die Folgen nachzudenken – all den vielen echten Menschen, die ebenfalls trauern oder in einer akut depressiven Lebensphase sind: „Euer Leben hat tatsächlich keinen Sinn mehr." Mir scheint, das ist an Herzlosigkeit kaum zu überbieten und das Letzte, was Trauernde brauchen können.

Wir haben in Deutschland ausreichend ausgebildete Fachleute, die Depressionen behandeln können. Aber weil Politik und Krankenkassen nicht bereit sind, das Geld für flächendeckende therapeutische Versorgung in die Hand zu nehmen, warten seelisch Bedrückte im Schnitt ein halbes Jahr auf eine Therapiemöglichkeit. Viele Depressive finden gar nicht erst die Hilfe, die sie brauchen. Für „Herrn Gärtner" hat das eine Konsequenz, die mich fassungslos macht: Erst bekommt er wegen falscher ärztlicher Behandlung keine zeitnahe helfende Unterstützung. Und wenn sich seine Depression dann so verfestigt hat, dass er nur noch den Tod als Ausweg sieht, sagt ein Großteil der Gesellschaft: „Bitte sehr! Wenn er denn will, dann soll er doch sterben!"

Ich denke dabei an einen Freund. Er hatte ebenso wie Herr Gärtner, allerdings nicht im Theater, sondern in der Realität am Grab seiner Ehefrau gestanden, seiner großen Liebe. Er beschreibt das rückblickend so: „Damals hab' ich nur gedacht:

‚Werft mich doch einfach hinterher' Und wenn mir damals jemand gesagt hätte: ‚Hier ist eine Pille, schluck sie, und du hast auf ewig deine Ruhe': Ich hätt' sie genommen." Heute, einige Jahre später, sagt er: „Niemals hätte ich geglaubt, dass ich noch einmal glücklich werden kann. Aber heute bin ich es. Mein Leben hat neuen Sinn bekommen. Gott sei Dank konnte man damals nicht so leicht an diese Pille kommen! Das hat mir das Leben gerettet" – und der Gesellschaft einen hochengagierten Mitgestalter von sozialen Projekten geschenkt!

Eine fürsorgende Gemeinschaft darf nicht einfach einen depressiven Menschen gehen lassen, nicht im Theater und nicht unter dem Deckmantel der „autonomen Selbstbestimmung". Eine fürsorgende Gemeinschaft muss um die Menschen kämpfen, die durch Schicksalsschläge in tiefes Dunkel gestürzt sind. Eine fürsorgende Gemeinschaft muss ihnen versichern, dass sie gebraucht werden und dass neuer, ergänzender Lebenssinn kommen wird. Ihnen in ihrer Trauer noch den Todesstoß zu versetzen, ist einer Gesellschaft, die doch zu Recht stolz ist auf ihre Mitmenschlichkeit, unwürdig.

20 Assistierter Suizid in der Bibel

Welche Antworten gibt die Bibel zum assistierten Suizid? Ein Blick in die christliche und jüdische Grundurkunde zeigt: Ein gesondertes Gebot wie „Du darfst dir nicht das Leben nehmen" findet sich nirgendwo. Assistierter Suizid kommt in der Bibel nur einmal vor. Selbsttötungen im Allgemeinen werden, gemessen am großen Umfang der Bibel,[150] eher selten beschrieben. Und nur ganz gelegentlich erfahren wir von Menschen, die über eine Selbsttötung nachdenken.

Der einzige „assistierte Suizid" in der Bibel betrifft *König Abimelech* (Richter 9,50-56): Er führte Krieg gegen die Stadt Tebez. Als er die Burg stürmen wollte, warf ihm eine Frau einen Mühlstein auf den Kopf. Abimelech wurde schwer verletzt und wusste, dass er an den Folgen sterben würde. Damit aber niemand sagen kann, er sei von einer Frau getötet worden, befahl er seinem Waffenträger, ihn vollends zu töten. Interessant ist: Der assistierte Suizid wird im Alten Testament nicht weiter kommentiert. Weder der Waffenträger noch Abimelech werden deshalb verurteilt. Aber als wirklich „unehrenhaft" gilt der Tod durch die Hand einer Frau (2. Samuel 11,21; Richter 4,21-24; Judith 16,5-9)!

---

150 Die neueste Ausgabe der Lutherbibel umfasst 1.414 Seiten.

Auch die anderen Selbsttötungen, die das Alte Testament beschreibt, stehen im Zusammenhang mit Kriegsereignissen oder Aufständen. Sie finden also in einem ohnehin schon gewaltsamen, tödlichen Umfeld statt. *Saul und sein Waffenträger* (1. Samuel 31,4-13; 1. Chronik 10,4-14) nehmen sich schwer verwundet in auswegloser Lage das Leben. *Ahitofel* (2. Samuel 17,23) hatte sich bei einem Aufstand gegen König David auf die falsche Seite geschlagen. Auch *Simri* (1. Könige 16,18-20) hatte eine Verschwörung angeführt. Diese Selbsttötungen werden recht unterschiedlich eingeordnet: Während Saul und Simri deshalb verurteilt werden, erhält Ahitofel ein wertschätzendes Begräbnis. Beim Suizid des *Simson* schließlich (Richter 16,28-31) handelt es sich im Prinzip um ein Selbstmordattentat. Die drei Suizide, die in den *Makkabäerbüchern* geschildert werden, haben ebenfalls mit Kriegshandlungen zu tun (1. Makkabäer 6,43-46; 2. Makkabäer 10,12-13; 14,41-46). Eine grundsätzliche Haltung für oder gegen Selbsttötung ist aus diesen wenigen Geschichten heraus nicht zu begründen.

Im Neuen Testament berichtet das Matthäusevangelium von der tragischen Selbsttötung des *Judas Iskariot*. Er hatte Jesus verraten und 30 Silberstücke dafür erhalten. Doch er bereute seine Tat und nahm sich aus Scham über sich selbst das Leben – so berichtet das Matthäusevangelium (Matthäus 27,5). Aber: Die Apostelgeschichte erzählt etwas ganz anderes über den Tod des Judas (Apostelgeschichte 1,18): Er hatte von den 30 Silberstücken einen Acker gekauft, besichtigte ihn, stürzte dabei und starb. Von einer Selbsttötung ist da überhaupt nicht die Rede! Wie Judas letztlich gestorben ist, bleibt offen.

Überliefert wird aber in drei Evangelien, dass Jesus ein vernichtendes Urteil spricht über den, der ihn verrät: „Es wäre besser, er wäre nicht geboren worden" (Markus 14,21; Matthäus 26,24; Lukas 22,21). Diese Aussage bezieht sich auf den Verrat des Judas, jedoch nicht auf seinen Suizid – von dem auch nur einer der Evangelisten berichtet. Später wurde dies zusammengedacht und so gedeutet, als hätte Jesus ausdrücklich die Selbsttötung des Judas verurteilt. Deshalb wurde die Selbsttötung im Christentum auch mit Hinweis auf den Judas geächtet: „Wenn du dir das Leben nimmst, verflucht Jesus dich!" Dass Jesus sich zur Selbsttötung des Judas gar nicht geäußert hat, wurde dabei übersehen, und etwas in die Bibel hineingedeutet, was dort gar nicht steht.

Mit dem Gedanken, sich selbst zu töten, spielen Jona, Sara und der Kerkermeister in Philippi. *Jona* denkt gleich zweimal über einen Suizid nach: Zuerst will sich selbst opfern (Jona 1,12), um ein Schiff aus Seenot zu retten, und wird dann wundersam von einem großen Fisch gerettet. Später (Jona 5,3+8) will er nochmal sterben, diesmal allerdings aus Zorn über Gottes Gnade! *Sara*, die Tochter Raguels (Tobit 3,10) erlebt eine Art Mobbing und will sich deshalb das Leben nehmen. Sie gibt den Plan aber auf, um ihrem Vater keine Schande zu machen. Der *Kerkermeister von Philippi* schließlich (Apostelgeschichte 16,27-33) soll Paulus und Silas im Gefängnis bewachen. Bei einem Erdbeben springen die Kerkertüren auf, und der Wärter vermutet, dass die Gefangenen geflohen sind. Verzweifelt befürchtet er, dass man ihm vorwerfen wird, er sei nicht wachsam genug gewesen. Er will seiner Bestrafung zuvorkommen und sich in sein Schwert stützen. Doch Paulus greift ein und rettet ihn. Später lässt sich der Kerkermeister mit seiner Familie taufen.

Die Bibel erzählt zudem von Menschen, die ihres Lebens müde sind und sich wünschen zu sterben. *Elia* zum Beispiel erlebt einen Zustand tiefer Erschöpfung (1. Könige 19,4).[151] *Jeremia* hadert mit seinem Leben und verflucht den Tag seiner Geburt (Jeremia 20,14-18). *Hiob* droht unter der Last seiner Krankheiten und Schicksalsschläge zu zerbrechen. Der *Apostel Paulus* wünscht sich den Tod, um schneller in den Himmel zu kommen und bei Jesus zu sein (Philipper 1,23). Alle diese Sterbewünsche werden nicht verurteilt. Aber sie werden nicht in die Tat umgesetzt, sondern die Bibel erzählt, wie Gott neue Kraft schenkt oder Hilfe schickt.

Zusammenfassend: Es gibt es in der Bibel nur vereinzelte Geschichten, in denen Selbsttötung oder Gedanken daran eine Rolle spielen. Es findet sich kein Abschnitt, der sich grundsätzlich mit dem Suizid beschäftigt und ihn als besonders edle oder als besonders verwerfliche Wahl beschreibt. Der assistierte Suizid kommt nur ein einziges Mal in der Bibel vor, folglich kann speziell zu diesem Thema keine direkte Handlungsanweisung aus der Bibel herausgelesen werden.

Dass der Suizid sowohl im Judentum als auch im Christentum lange Zeit als so verwerflich galt, wurde weniger mit diesen wenigen Berichten begründet als vielmehr sehr grundsätzlich: „Gott hat das Leben gegeben. Es gehört ihm. Der Mensch hat kein Recht, es zu beenden, und wenn er es dennoch tut, wendet er sich dabei gegen Gott." Der Suizid wurde als entschiedene Tat gegen Gott gewertet und deshalb so streng verurteilt. Im Christentum wurden daher Menschen, die sich das Leben genommen hatten, nicht kirchlich bestattet. Auch in Israel stand

---

151 Wir sprechen heute von „burnout". Hilfreiche Informationen darüber unter www.neurologen-und-psychiater-im-netz.org (zuletzt abgerufen: 10.7.2023).

Suizid lange unter Strafe. In beiden Religionen werden heute aber die modernen Erkenntnisse der Psychologie sehr ernst genommen. So hat sich eine neue Sicht auf den Suizid durchgesetzt: Selbsttötung ist keine bewusste Entscheidung gegen Gott, sondern vielmehr eine Handlung aus tiefster Verzweiflung heraus. Deshalb dürfen Menschen, die sich das Leben nehmen, eben nicht verurteilt werden, und die religiöse Gemeinschaft hat so viel wie möglich dafür zu tun, dass es Hilfe, Beratung und Seelsorge gibt.

21 Leben – Hoffnung – Trost

Die Bibel ist die Grundurkunde des christlichen Glaubens, und sie ist sehr umfangreich. Ihre wichtigsten Aussagen wurden daher zusammengefasst in Bekenntnissen, etwa im Apostolischen Glaubensbekenntnis[152], das bis heute in sonntäglichen Gottesdiensten und bei Taufen gesprochen wird. Solche Bekenntnisse beschreiben das Wesen Gottes in Kurzform: Wie können wir Gott erleben, was können wir über Gott sagen, was dürfen wir erhoffen? In der Regel haben die christlichen Bekenntnisse drei Teile und handeln von Gott, dem Schöpfer, von Jesus Christus und vom Heiligen Geist.

Die Glaubensbekenntnisse äußern sich nicht direkt zu aktuellen Themen, also auch nicht zu „Suizid" und „Suizidbeihilfe". Aber es lassen sich doch aus den drei Bekenntnisteilen heraus hilfreiche Orientierungen ableiten:

1. Christenmenschen glauben an Gott den Schöpfer, den Ursprung allen Lebens.

Alles was ist, stammt von Gott: Die unendlichen Weiten des Weltraums ebenso wie das winzig kleine Getümmel in einer

---

152 www.ekd.de/apostolisches-glaubensbekenntnis-10790.htm (zuletzt abgerufen: 10.7.2023).

Handvoll Erde.[153] Gott schenkt das Leben für Pflanzen, Tiere und Menschen. In den ersten Kapiteln der Bibel (1. Mose 1+2) wird dies beschreiben. Zwei verschiedene Schöpfungsberichte sind dort zu finden, die gemeinsam aussagen: Das Leben ist kein Zufall. Alles, was lebt, verdankt sich dem Schöpfungswillen des liebenden Gottes. Es ist kostbar und bewahrenswert.

Das Leben ist nicht das persönliche Eigentum des Menschen, sondern eine Gottesgabe. Damit verbunden ist die Aufgabe, diese Gabe so zu nutzen und zu gestalten, dass sie dem Gemeinwohl und dem Frieden dient und dass anderen Geschöpfen und der Welt nicht geschadet wird.

Das Leben ist Gottes Gabe und Aufgabe. Und auch die Würde des Menschen ist von Gott gegeben. Denn Gott hat den Menschen „zu seinem Ebenbild" geschaffen (1. Mose 1,26). Niemand kann diese Würde wegnehmen! Sie muss auch nicht erst mühsam erarbeitet und verdient werden: Sie ist mit dem Leben bereits da. Jeder Säugling ist von Gott mit voller Würde ausgestattet, obwohl er noch kein selbstbestimmtes Leben führen kann und ohne Unterstützung bald sterben würde. Diese Würde behält ein Mensch ein Leben lang, ganz gleich wie sich der Lebenslauf entwickelt. Erfolg oder Misserfolg, Gesundheit oder Krankheit, Glück oder Unheil – nichts kann diese Würde beeinträchtigen, weil Gott jeden Menschen würdigt und ehrt. Jeder sterbende, jeder an Demenz erkrankte und jeder depressiv gewordene Mensch behält in Gottes Augen diese Würde. Sie bleibt auch dann bestehen, wenn ein Mensch sich selbst und das eigene Leben als unwürdig oder gar als todeswürdig, als

---

153 In einer Handvoll Bodenerde tummeln sich mehr Lebewesen, als es Menschen auf der Erde gibt, schreibt der NABU.

nicht mehr lebenswert ansieht. Die Gottebenbildlichkeit des Menschen ist – ebenso wie die Menschenwürde – kein Gefühl und endet nicht, wenn jemand unansehnlich und schwach wird. Aus Gottes Sicht bleibt es uneingeschränkt ein geschenktes und gewürdigtes Leben.

Davon abgeleitet waren sich jüdische und christliche Religion immer einig: Das Leben ist absolut schützenswert und darf nur unter extremen Ausnahmen genommen werden. Das 5. Gebot „Du sollst nicht töten" (2. Mose 20,13) setzt hier ein klares Signal. Die Bibel kennt zwar die Todesstrafe[154] und setzt das Töten im Krieg voraus, aber der besondere Stellenwert eines jeden Lebens wird dennoch vielfach betont und nicht in Frage gestellt, im Gegenteil.

Deshalb hat niemand das Recht, einem anderen Menschen das Leben zu nehmen oder für todeswürdig zu erklären. Immer wenn Menschen andere für sterbenswert erachtet haben (und sei es aus hehren Zielen heraus), ist daraus nur größeres Unrecht entstanden. Die Kirche kann aus eigener Schuld heraus leider viel Bitteres darüber erzählen.[155]

Das biblische Menschenbild ist nicht naiv, es weiß: Menschliches Tun ist immer fehlerbehaftet, und menschliches Erkennen bleibt immer Stückwerk.[156] Deshalb schiebt Gott in seinen Geboten den Riegel des Tötungsverbotes vor. Es ist letztlich Gott

---

154 Zum Teil für Vergehen, die uns heute als geringfügig erscheinen oder bei uns gar keine „Vergehen" mehr sind.

155 Das hehre Ziel etwa der Kreuzzüge war, Menschen die „gute Botschaft" zu bringen. Sie brachten aber das Gegenteil, nur Leid, Tod und Zerstörung.

156 So 1. Korinther 13,12.

vorbehalten, das Leben anderer Menschen zu bewerten und zu beurteilen. Der Mensch wird darin fehlbar bleiben.

Aufgrund des Gebots „Du sollst nicht töten" wurde in der Kirche nicht nur Mord, sondern auch Selbsttötung verurteilt. Seitdem wir aber wissen, dass die meisten Suizide aus tiefer Depression heraus vollzogen werden, sie also Folge einer seelischen Erkrankung sind, hat sich dies deutlich verändert: Die frühere Verurteilung der „Selbstmörder" ist dem Angebot von Hilfen gewichen, um verzweifelte Menschen zu begleiten, damit sie wieder einen Sinn für das eigene Leben erkennen können. An die Stelle einer hartherzigen Verurteilung ist ein zugewandtes Mitfühlen getreten, das nicht nur den Menschen gilt, die ihrem Leben ein Ende setzen wollen, sondern auch deren Angehörigen.

Größte Zurückhaltung soll für Christinnen und Christen geboten sein, wenn es um die aktive Beteiligung an einer Selbsttötung geht. In der evangelischen Welt herrscht Einigkeit: Assistierter Suizid soll kein Regelangebot der kirchlich-diakonischen Einrichtungen sein. Er soll nicht zum „normalen" und für alle Bewohnerinnen und Bewohner zugänglichen „Angebot", gar zu einer abrechenbaren Leistung werden. Selbst jene Vertreterinnen und Vertreter von evangelischen Kirchen und Diakonie, die diese Beteiligung nicht uneingeschränkt ablehnen,[157] sprechen von „absoluten Ausnahmefällen" und „einzelnen Grenz-

---

157 So Annette Kurschus, Präses der Evangelischen Kirche von Westfalen und Vorsitzende des Rats der Evangelischen Kirche in Deutschland. www.evangelisch.de/inhalte/196187/24-01-2022/assistierter-suizid-als-letzte-moeglichkeit (zuletzt abgerufen: 10.7.2023).

situationen"[158]. Grund all ihrer Aussagen ist ein tiefes Mitleid und weniger die Grundüberzeugung, dass jeder Mensch uneingeschränkt das alleinige Verfügungsrecht über sein Leben hat.

Nach christlicher Überzeugung ist jeder Mensch ein göttliches Geschöpf und deshalb untrennbar mit dem Schöpfer verbunden. Die Entscheidungen über das eigene Leben fallen in dieser Abhängigkeit und sind folglich nicht nur sich selbst gegenüber zu begründen, sondern auch dem Schöpfer gegenüber zu verantworten. Und auch der Mitmensch ist in das Nachdenken einzubeziehen! Denn nach biblischer Überzeugung ist der Mensch in all seiner Eigenständigkeit doch auch ein Beziehungswesen. Die anderen sind ebenso Gottes Geschöpfe und füreinander verantwortlich. Darum ist immer die Frage zu stellen: Was bedeutet mein Handeln, meine Entscheidung für diese anderen Menschen? Wir tragen für uns selbst und *auch* für sie Verantwortung.[159]

Das christliche Menschenbild sieht den Menschen also dreifach verantwortlich: Sich selbst gegenüber mit Urteilsfähigkeit und Freiheit. Dem Mitmenschen gegenüber als Gemeinschaftswesen. Und Gott gegenüber als dem Schöpfer, der das Leben gab. Klassisch ist diese Dreifach-Beziehung im sogenannten „Doppelgebot der Liebe" ausgedrückt, das richtigerweise „Dreifach-

---

158 Diese Haltung beruft sich u.a. auf den Schweizer Theologen Karl Barth (1886-1968), der viele Theologinnen und Theologen geprägt hat. Er hat die Möglichkeit des Suizids als „Grenzfall" beschrieben. Allerdings hatte er nicht den assistierten Suizid im Blick. Kirchliche Dogmatik, Bd. III,4, § 55 Freiheit zum Leben, S. 459-470.

159 „Soll ich meines Bruders Hüter sein?" (1. Mose 4,9) Diese Frage, die Kain stellt, als Gott den ermordeten Abel sucht, ist ja auf keinen Fall mit „nein" zu beantworten.

gebot" heißen müsste:[160] „Du sollst *Gott* lieben – und deinen *Nächsten* – wie *dich* selbst." (5. Mose 6,4-5; 3. Mose 19,18; Markus 12,29-31).

2. Christenmenschen glauben: Jesus Christus ist Gott in Person.

Mit Jesus von Nazareth – so die Überzeugung der Christenheit – kam Gott selbst zur Welt. Alles, was ein Menschenleben ausmacht und prägt, hat Jesus erfahren: Geburt und Kindheit, Glück und Streit, Gemeinschaft und Einsamkeit, Leid, Schmerz und den Tod. Jesus hat dies alles erlebt, und mit ihm auch Gott selbst.

Deshalb steht Gott unverrückbar eng an der Seite der Leidenden. Was sie durchmachen und erleiden an Krankheit, Terror, Vergewaltigung, das ist ihm nicht gleichgültig, sondern im Gegenteil überaus bedeutsam. Er selbst ist Ohnmacht und Tod nicht ausgewichen. Deshalb ist niemand, der Leid trägt, gottverlassen.

Zugleich macht das Sterben von Jesus aber deutlich: Leiden muss nicht unbedingt sinnlos sein, und sogar im Sterben kann ein verborgener Sinn liegen. Bei Jesus werden Leiden und Sterben so gedeutet: Hier finden Gott und Mensch so eng zusammen, dass sie nicht mehr voneinander getrennt werden können. Das Zeichen dafür ist das Kreuz, und beim Anblick des Kreuzes kann jeder Mensch diese Hoffnung haben. So wurde das Kreuz *das* zentrale Symbol der Christenheit. Es weist in allen Kirchen und in der Diakonie darauf hin: Gott steht in der

---

160 Denn neben Gott und dem Nächsten, dem Mitmenschen kommt ja das Ich ausdrücklich vor.

Person Jesu den Leidenden bei, und im Leiden kann sich auf geheimnisvolle Weise ein Sinn ereignen.

Das Kreuz weist aber über sich selbst hinaus auf Ostern. Denn über Jesus spricht nicht der Tod das letzte Wort, sondern das Leben. Der gekreuzigte Jesus wurde aufweckt, das Leben neu geschenkt. Am Ostermorgen hat Gott an Jesus gezeigt, was er für alle Menschen will: eine Neu-Schöpfung ohne Leid, Geschrei und Schmerz (Offenbarung 21). Der Schöpfer des Lebens rettet und erneuert das leidende Leben. Deshalb ist Ostern, das Fest des Lebens, das höchste Fest der Christenheit und das Kreuz auch ein Lebenszeichen.

In Blick auf einen Suizid bedeutet das: Wer so verzweifelt ist, dass er seinem Leben ein Ende setzen will, muss nicht fürchten, von Gott verlassen zu sein, im Gegenteil. Gott ist dem verzweifelten Menschen an der Seite. Du bist nicht gott-verlassen, sondern gott-nah, das ist die Botschaft des Kreuzes.

Wer aber bei einem Suizid helfen will, muss sich intensiv befragen: Gibt es wirklich keine andere Möglichkeit, als dem Tod eigenhändig den Weg zu bahnen? Muss ich den sterbewilligen Menschen wirklich darin bestärken, dass der Tod der einzige Ausweg ist? Oder kann ich nicht ganz anders beistehen: Durch gute Worte, verlässliches Da-Sein, nächtliches Wachen, bessere medizinische Hilfe?

Jesus hat die Menschen, die an ihn glauben, in die „Nachfolge" gerufen. Das bedeutet, dass sie ein Leben führen sollen, das ihm entspricht. Dass sie dabei immer fehlbar bleiben, ist klar. Sie sind eben nicht Jesus! Aber sie sollen *wie* Jesus werden und sich an ihm ausrichten. Viele Christenmenschen versuchen daher, sich immer wieder die Kontrollfrage zu stellen:

„Was würde Jesus tun?" Sie lesen in den Evangelien davon, wie Jesus damals reagiert und gehandelt hat, und sie versuchen daraus abzuleiten, was heute angemessen und in seinem Sinn wäre.

Wir kennen viele Jesusgeschichten, in denen Jesus Menschen heilt, sie aufrichtet, ihnen neuen Lebenssinn schenkt. Möglicherweise ist im Handeln Jesu sogar *Suizidprävention* zu finden! In Markus 9,14-29 wird etwa berichtet, dass Jesus einen Jungen von einem Dämon heilt, der ihn oft ins Feuer oder ins Wasser trieb, um ihn umzubringen. Was in der Bibel „Dämon" heißt, erklären wir heute oft mit einer psychischen Erkrankung. Und dann könnte diese Geschichte doch auch so zu deuten sein: Der Junge wollte sich aufgrund von seelischen Krisen schon mehrmals selbst töten. Jesus heilte ihn und befreite ihn damit auch von seinem Sterbewillen. Dämonenaustreibung als Suizidprävention – ein spannender Blick auf diese Geschichten, die uns oft fremd sind.[161]

Wir kennen jedoch keine Begebenheit im Leben Jesu, die direkt mit einem assistierten Suizid zu tun hätte. Denkbar wäre das – denn schon damals war es theoretisch möglich, einem schwer leidenden Menschen auf dessen Bitten hin das Leben durch Gift zu beenden. Aber Jesus verhilft den Menschen eben zum Leben und nicht zum Sterben. Abgeleitet von seinem Handeln sollten Christinnen und Christen sich auch nicht berufen fühlen, Menschen beim Sterben zu assistieren, sondern helfend und begleitend an ihrer Seite sein. In diesem Sinne sind auch „Erlösung" und „Barmherzigkeit" zu verstehen.

---

161 Diesen Impuls verdanke ich „meiner" Lektorin Anna Böck.

„*Erlösung*" wird ja umgangssprachlich oft verwendet, wenn ein Mensch nach langer, quälender Krankheit endlich sterben kann. „Er ist erlöst von seinem Leid", heißt es dann in Traueranzeigen. Legt das nicht den Schluss nahe, wir sollten Menschen dabei unterstützen, schneller „erlöst" zu werden?! Dies wäre aus meiner Sicht aber das Gegenteil von dem, was der biblische Begriff „Erlösung" eigentlich meint. „Erlösung" beschreibt im christlichen Sinne ein Handeln Gottes: Dass wir befreit werden von dem, was dem Leben schadet. Klassisch ist das ausgedrückt im Vaterunser: „Erlöse uns von dem Bösen." Hier bittet die Christenheit Gott darum, dass Krankheit, Leid, Krieg, Neid und Gewalt ein Ende haben mögen, damit das Leben wieder möglich wird. In der christlichen Tradition geht es bei „Erlösung" also immer um eine Erlösung *zum* Leben, aber niemals *vom* Leben.

„*Barmherzigkeit*" – damit begründen manche, warum sie am assistierten Suizid mitwirken würden. Die Johannesstift Diakonie etwa begründet ihre Überlegungen, Suizidassistenz als „geregelten Ausnahmefall" zuzulassen, mit dem Jesuswort „Seid barmherzig, wie auch euer Vater im Himmel barmherzig ist" (Lukas 6,36).[162] Aber ist das mit dem biblischen Begriff der Barmherzigkeit wirklich gemeint? Ulrich Körtner schreibt dazu: „Wir erinnern uns an Jesu Gleichnis vom barmherzigen Samariter (Lk 10,25-37). Am Ende fragt Jesus: ‚Wer ist der Nächste gewesen, dem, der unter die Räuber gefallen ist?' Und der Schriftgelehrte gibt zur Antwort: ‚Der die Barmherzigkeit an ihm tat.' Jesus entgegnet darauf: ‚Gehe hin und tue desglei-

---

162 So Dr. Werner Weinholt, Leitender Theologie der Johannesstift Diakonie, bei einer online-Diskussion der Evangelischen Akademie zu Berlin am 17.10.2022.

chen.' (Lk 10,36f). Können wir das in dieser allgemeinen Form auch von Fällen sagen, in denen Menschen Suizidhilfe geleistet haben? Wollen wir sagen, ihr Verhalten sei grundsätzlich vorbildlich? Und lautet dann auch in diesem Fall der Schluss, den es zu ziehen gilt: ‚Gehe hin und tue desgleichen'? Wenn wir über Barmherzigkeit im Zusammenhang mit Suizid und Suizidbeihilfe sprechen, sollten wir die genannten Bibelstellen noch einmal gründlich bedenken und überlegen, was sie uns für unsere Diskussion in der Gegenwart zu sagen haben."[163] „Barmherzigkeit" im Sinne Jesu bedeutet nicht, jemanden von seinem Leiden zu befreien, indem der Tod herbeigeführt wird – sondern helfend und verlässlich bei den leidenden Menschen auszuharren.[164] „Was würde Jesus tun?" Ich kenne keine Geschichte in den Evangelien, die ernsthaft den Schluss nahelegt, Jesus hätte assistierten Suizid geleistet.

3. Christenmenschen glauben an den Heiligen Geist.

Der „Heilige Geist", wie der Geist Gottes oft genannt wird, hat viele Aufgaben. Seine wichtigste beschreibt Jesus so: Er ist „der Tröster" (Johannes 14,15). Das Wortfeld „trösten" umfasst so viel Gutes: ermutigen, aufrichten, froh machen, lindern, unterstützen... um nur einiges zu nennen. Der tröstende Geist Gottes trägt insbesondere in schwierigen Zeiten dazu bei, dass Menschen nicht verzweifeln, sondern Lebensmut erhalten.

---

163 Ulrich H.J. Körtner, Suizidhilfe, in: Streitsache Assistierter Suizid. Perspektiven christlichen Handelns, Leipzig 2022, S. 116-117.

164 Vergleiche hierzu auch die Geschichte vom Gelähmten, die im Kapitel 24 unter der Überschrift „assistierte Heilung" nacherzählt wird.

Dazu ist dann die Kirche berufen: *Tröstend* an der Seite der Leidenden zu sein und mit ihnen auszuhalten – auch an der Seite derer, die des Lebens so müde oder so verzweifelt sind, dass sie sich das Leben nehmen wollen. Dieser Trostaufgabe ist die Kirche über Jahrhunderte mit ihrer harten Haltung zum Suizid nicht nachgekommen, sondern sie hat verurteilt und verstoßen. Zu trösten, das bedeutet aber doch: Menschen zu vermitteln, dass sie für Gott wertvoll sind. Dass sie diesen Wert, diese Würde nie verlieren können. Und dass die Gemeinschaft der Glaubenden sie nicht allein lässt und daran mitwirkt, ihr Leiden zu mindern.

Die Aufgabe der Kirchen und ihrer sozialen Einrichtungen ist es also, tröstend und helfend da zu sein. Dem haben sie sich seit Jahrhunderten auch wirklich und mit großer Hingabe gestellt. Die große Anziehungskraft der jungen Kirche im antiken römischen Reich erklärt sich wohl daher, dass sie die Ausgestoßenen, die Kranken und die Verwitweten eben nicht allein gelassen, sondern sich um sie gekümmert hat. Im Mittelalter haben die Klöster nicht nur Kirchengebäude, sondern auch Krankenstationen aufgebaut und diejenigen gepflegt, die anderswo nicht mehr sein konnten. Die Missionsgesellschaften haben in Asien und Afrika nicht nur Kirchen, sondern ebenso auch Schulen und Hospitäler gebaut. Das Leid wurde nicht weggeschoben, sondern die Leidenden wurden umsorgt.

In den Psalmen der Bibel wird die Not von Menschen beschrieben. Die Psalmen wurden und werden deshalb in Gottesdiensten gelesen, damit Menschen in ihnen ein „Ventil" für tiefste Ängste finden: In ihre Klageworte kann sich ein trauriger Mensch hineinbetten, und mit ihren Hoffnungsworten einen erneuerten Lebenssinn erwarten.

Auch die christliche Kunst hat den Kranken tröstlich vor Augen geführt, dass sie mit ihrem Leid nahe bei Gott sind. Der berühmte Isenheimer Altar in Colmar[165] stammt aus einem Kloster, in dem Kranke gepflegt wurden. Sie litten am ganzen Körper unter eitrigen Wunden. Auf dem Altarbild sieht man Jesus mit denselben Geschwüren, die die Erkrankten in diesem Spital quälten. „Schaut her", sagt dieses Altarbild: „Ihr seid nicht allein. Jesus ist da. Gott ist da. Und seine Leute kümmern sich um euch."

Der Blick auf den Gekreuzigten, das Hören auf biblische Trostworte und die österliche Aussicht auf ein Leben über den Tod hinaus schenkt vielen Menschen Kraft zum Sterben und die Hoffnung auf ein Wiedersehen mit geliebten Menschen. In dieser christlichen Tradition stehend, sehe ich unsere Aufgabe nicht darin, Entscheidungen zum Tod zu treffen, sondern vielmehr stärkend, aushaltend, mitleidend da zu sein in allen Phasen des Lebens. Beispielhaft tun dies die Ehrenamtlichen, die bei Sterbenden wachen. Als „Sitzwachen" kommen sie für einige Nächte pro Jahr ins Krankenhaus und harren am Bett von Sterbenden aus, die keine Angehörigen haben.[166] Sie lassen diese Menschen, die sie vorher meist gar nicht persönlich kannten, nicht einsam sterben. Sondern sie sind da. Einfach da. Sie helfen beim Sterben durch menschliche Nähe.

---

165 Abbildungen und Erläuterungen: www.musee-unterlinden.com/de/ categorie_oeuvre/der-isenheimer-altar/ (zuletzt abgerufen: 10.7.2023).
166 Ein bewegender Bericht über Sitzwachen im Stuttgarter Marienhospital findet sich in Chrismon 08/2022.

Ausblicke

22 Wir bleiben etwas schuldig

Im ersten Kapitel habe ich davon gesprochen, dass uns die Frage nach dem assistierten Suizid in ein Dilemma führt. Wir müssen uns entscheiden, aber jede Entscheidung birgt Anteile von Fehlentscheidungen in sich. Das bedeutet zudem: Jede Entscheidung trägt Anteile von Schuld in sich. Denn ganz gleich wie wir uns entscheiden, bleiben wir Menschen etwas schuldig.

Nun reden wir nicht gerne von „Schuld", weil wir dann, wie bei einem Verkehrsunfall, gleich an die Schuldfrage, an Entschädigungszahlung, Bußgeld oder Gerichtsverfahren denken. Andere denken bei „Schuld" an dunkle Kirchen und Beichtstühle.

Ich rede aber hier nicht von „Schuld" als religiösem Begriff, der sich auf das Verhältnis von Gott und Menschen bezieht und dann noch mit dem schwierigen Begriff der „Sünde" zusammengedacht wird. Ich rede auch nicht vom Rechtsbegriff des Strafgesetzbuchs. Sondern ganz schlicht und ganz zwischenmenschlich: Ich rede darüber, dass wir mit unserer Entscheidung in jedem Fall anderen Menschen gegenüber etwas schuldig bleiben werden.

Wie bei dem Mann, der vor vielen Jahren in meiner Nachbarschaft lebte und an einer Krebserkrankung im Mund-Rachen-Raum litt. Lange kämpfte er tapfer gegen die Erkrankung an mit Operation, Bestrahlung und Chemotherapie. Schließlich wurde klar: Er konnte nicht mehr gesundwerden. Im Gegenteil, der Krebs war so weit fortgeschritten, dass er in absehbarer Zeit daran sterben würde. Er wusste genau: Diese letzten Wochen würden sehr schwer werden. Denn es waren nicht nur Schmerzen zu erwarten. Die Geschwüre im Mund würden zunehmend unerträglicher riechen. Diese Belastung wollte er sich und seinen Lieben ersparen. „Bitte kürzt mir diese letzte Phase ab!", war sein Wunsch. Damals war das verboten. Heute wäre es straffrei möglich. Was täte ich, würde ich – jenseits meines dienstlichen Umfelds – im privaten Raum gefragt, von jemandem wie diesem früheren Nachbarn?

Ein solcher Wunsch geht zu Herzen, und wer nicht ganz hartherzig oder gleichgültig ist, wird sorgfältig darüber nachdenken. Dennoch muss ein barmherziger, mitfühlender Mensch auch die Folgen einer Entscheidung bedenken. So entsteht das Dilemma: Egal wie jemand sich zu dieser Bitte verhält, er wird etwas schuldig bleiben. Wer „Nein" sagt, wird den Erkrankten leiden sehen und sich schuldig fühlen, ihm nicht das Leiden verkürzt zu haben. Wer „Ja" sagt, wird möglicherweise selbst lange daran leiden, wird manche der Angehörigen verstören und kann nicht ausschließen, dass weitere Menschen zur Selbsttötung ermutigt werden. Aus einem solchen Dilemma kommen wir nicht heraus, und wir werden immer selbst daran leiden, dass eine Situation sich nicht wirklich gut lösen lässt.

„So oder so wird der Mensch schuldig", schrieb Dietrich Bonhoeffer. Seine Gedanken stammen aus einer anderen Zeit und einem anderen Zusammenhang. Dietrich Bonhoeffer (1906 – 1945) war evangelischer Theologe in der Zeit des Nationalsozialismus und aktiv im Widerstand gegen Hitler. Er war eingeweiht in die Attentatspläne, die einige ranghohe Militärs um Graf von Stauffenberg entwickelt hatten. Bonhoeffer hat sehr intensiv darum gerungen, ob er diese Pläne gutheißen soll oder nicht. Denn geplant wurde die Tötung eines Menschen und damit der klare Verstoß gegen das Gebot „Du sollst nicht töten". Dieses Gebot wollte Bonhoeffer auf keinen Fall vorschnell beiseiteschieben. Zugleich verfolgten die Verschwörer das Ziel, unmittelbar nach dem Tod Hitlers den Krieg zu beenden. Das hätte sehr vielen Menschen das Leben gerettet. Bonhoeffer musste diesen einen Toten gegen viele Tote abwägen und erkannte: „So oder so wird der Mensch schuldig." Und er schrieb weiter: „... und so oder so kann er allein von der göttlichen Gnade und der Vergebung leben."[167] Auch wenn der historische Hintergrund ein ganz anderer ist: Mir helfen beide Gedanken von Bonhoeffer heute im Blick auf das Dilemma des assistierten Suizids.

„So oder so wird der Mensch schuldig." Wer die Suizidbeihilfe für einen schwer leidenden Menschen ablehnt, bleibt etwas schuldig, weil er den Wunsch eines Menschen nicht erfüllen kann, so nachvollziehbar und selbstbestimmt er sein mag. Wer sich aber anders entscheidet und sich in einem Grenzfall an der Suizidbeihilfe beteiligt, macht sich mitschuldig an den Folgen, die jeder Suizid für andere Menschen hat. In dieser Abwägung würde ich mich wohl nicht nur in der Verantwortung für ein diakonisches Unternehmen, sondern auch als Privatmensch dafür entscheiden, eine Selbsttötung nicht zu unterstützen.

„...so oder so kann er allein von der göttlichen Gnade und der Vergebung leben". Es mag sein, dass ich mich für meine Ent-

---

167 Dietrich Bonhoeffer, Ethik, Herausgegeben von Ilse Tödt u.a., 6. Auflage, München 2022, S. 275.

scheidung vor meinem Schöpfer zu verantworten habe. Dann vertraue ich darauf, dass er mir vergebend begegnet, weil er weiß: Ich habe nicht leichtfertig entschieden, sondern in einem schwierigen Dilemma eine Position finden müssen.

Das Eingeständnis, dass in jedem Fall „Versagen" und „Etwas-schuldig-bleiben" im Spiel sind, wird vielen Menschen befremdlich erscheinen. Ich halte es aber für geboten, sich das deutlich zu machen und darüber demütig zu werden. Denn es geht hier nicht nur um Selbst- oder Fremdbestimmung. Es geht nicht um Recht haben oder bekommen. Sondern es geht um den Tod von Menschen: von alten oder kranken, aber auch von jungen, gesunden Menschen – und es geht um die Folgen für andere. Da können wir nicht zurückhaltend genug sein.

Über „schuldig werden" rede ich ausdrücklich *nicht* bei denjenigen, die sich selbst das Leben nehmen. Sie tragen keine Schuld! Denn ihr Schritt erfolgt aus tiefer Verzweiflung heraus. Diese Verzweiflung kommt manchmal daher im Gewand von „Mut" oder „Konsequent-sein". Aber letztlich sterben sie aus eigener Hand doch im Zustand der Hoffnungslosigkeit[168], denn sie können für ihr Leben keinen Sinn und keine Rettung mehr sehen. Deshalb ist hier keine wie auch immer geartete Be-Urteilung, erst recht keine Ver-Urteilung angebracht, sondern Verständnis, Zuwendung und die Bereitschaft, ihre Verzweiflung mit ihnen auszuhalten.

Ich rede auch nicht von „schuldig werden" derer, die sich beim Suizid helfen lassen. Denn auch ihr Schritt erfolgt aus Verzweiflung heraus. Diese Verzweiflung kommt manchmal da-

---

168 So definiert der Duden „Verzweiflung".

her im Gewand des „selbstbestimmten Handelns". Aber letztlich sterben auch sie im Zustand von Hoffnungslosigkeit, weil sie für ihr Leben keinen Sinn mehr sehen können. Dieser Gedankengang wird sicherlich bei vielen einen „Einspruch!" hervorrufen. Denn sie fühlen sich durchaus selbstbestimmt, wenn sie sich für das Sterben entscheiden. Aber es ist doch unstrittig: Wer nicht mehr leben will, hat keine Hoffnung mehr für das eigene Leben. Und das ist „Hoffnungslosigkeit", ist „Verzweiflung".

Ich bin fest überzeugt: Wer jemanden bei der Selbsttötung unterstützt, bleibt etlichen Menschen etwas schuldig:

- Den Angehörigen, die nicht eingeweiht waren und die diesen Schritt nicht mittragen können. Sie sehen im Nachhinein ihre scheinbar so vertrauensvolle Beziehung zum verstorbenen Menschen überschattet. Je enger dieses Verhältnis, desto schwerer wiegt der Vertrauensbruch. Diese Bitterkeit wird dann zeitlebens die Erinnerung bestimmen. Das muss sich auch derjenige anlasten, der beim Suizid mitgewirkt hat.
- Eine Suizidassistenz bleibt jenen Menschen etwas schuldig, die sich durch diesen Suizid ermutigt fühlen, ihrem eigenen Leben ebenfalls ein Ende zu setzen. Dieser „Werther-Effekt"[169] ist schon bei eigenhändigen Suiziden sehr belastend. Ich habe es als Gemeindepfarrerin leider miterleben müssen, wie eine „Suizid-Welle" durch den Ort ging und am Ende fünf Menschen tot waren, nachdem einer den Anfang gemacht hatte. Ebenso viele Familien sowie ungezählte Freundinnen und Freunde wurden in tiefe Trauer gestürzt.

---

169 Siehe Kapitel 6.

Solch einen „Werther-Effekt" werden wir künftig auch bei assistierten Suiziden erleben! Menschen, die noch hätten leben und – mit der passenden Unterstützung – wieder eine gute Zeit haben können, stürben vor der Zeit. Kann eine Freitod-Begleitperson es wirklich aushalten, eine Sterbewelle mit ausgelöst zu haben? Dies ist einer der Gründe, warum ich für unsere Senioreneinrichtungen keine Dienstanweisung für Suizidassistenz unterschreiben werde: Weil meine Kolleginnen, Kollegen und ich nicht wollen, dass eine solche Welle durch unsere Einrichtungen geht. Wir werden es nicht verhindern können, dass Menschen in unseren Häusern sich eigenhändig oder assistiert das Leben nehmen und dies dann weitere Suizide nach sich zieht. Aber es soll nicht unsere Beteiligung sein, die das verursacht hat. Wir wollen im Gegenteil so viele Suizide wie möglich verhindern, um mehr Menschen zu schützen.

■ Zeitverzögert wird möglicherweise jemand, der Suizidbegleitung übt, sich selbst gegenüber schuldig! Denn es könnte sein, dass ein scheinbar stabiler Sterbewille sich im Nachhinein als Irrtum herausstellt. Die Mitarbeitenden in den Pflegeheimen schilderten die große Sorge, dass sie fehlinformiert und eventuell sogar missbraucht werden und einem Menschen ein todbringendes Medikament überreichen, der eigentlich doch nur unter dem Druck der Familie die Suizidassistenz erbeten hat. Wer könnte mit solch einer Schuld leben? Für mich ist dies ein gewichtiger Grund, in den Einrichtungen des Neukirchener Erziehungsvereins die aktive Beteiligung an Suizidhilfe auszuschließen.

Angebracht ist mir auch die Frage: Laden diejenigen Schuld auf sich, die für sich selbst viele Jahre im Voraus, quasi „vorbeugend" den Anspruch auf Suizidbeihilfe fordern? Bei einer Diskussion sagte ein junger Mann „Wenn ich selbst mal sterben will, dann will ich mir keine Gedanken machen, ob ich damit vielleicht irgendwelchen Kindern und Jugendlichen schade!" Das ist eine Einstellung, die ich als sehr problematisch empfinde, weil sie nur auf sich selbst sieht, aber nicht auf die Folgen für andere. Ein Mensch, der über sein Lebensende nachdenkt, hört nicht auf, ein Mensch zu sein, der Verantwortung für andere hat.[170] Diese Verantwortung für andere rundheraus abzulehnen, und zwar nicht in einem unmittelbaren Zustand von Verzweiflung, sondern sehr bewusst im langfristigen, rein gedanklichen Vorgriff: Das ist aus meiner Sicht eine zweifelhafte, ja möglicherweise sogar hartherzige Haltung. Rein selbstbezogen dürfen wir aber mit dieser Frage von Leben und Tod nicht umgehen! Zu unserem Menschsein gehört, dass wir die Folgen unseres Handelns wachsam zur Kenntnis nehmen und anderen Menschen nicht vorschnell Schaden zufügen.

Ich denke an eine junge Frau in einer unserer Jugendwohngruppen. Sie ist von ihrem Vater und ihrem Bruder vergewaltigt worden. Sie wird, das ist zu befürchten, niemals eine unbeschwerte Liebesbeziehung führen können. Oft genug will sie ihrem Leben ein Ende setzen, und es braucht viel Vertrauen, Geduld und Rückenstärkung, damit sie Selbstbewusstsein gewinnt und ihrem Leben etwas zutraut. Wenn sie nun hört, dass jemand den eigenen Tod plant nur für den Fall, dass er im Alter krank wird – was lebt dieser Erwachsene dieser jungen Frau vor? Vermittelt er ihr nicht, dass ihr Leben mit ihren

---

170 Solidarität bis zum Ende. Position des Synodalrats der Reformierten Kirchen Bern-Jura-Solothurn zu pastoralen Fragen rund um den assistierten Suizid, 2018. www.refbejuso.ch/fileadmin/user_upload/ Downloads/Publikationen/Broschueren/SR_PUB_Assistierter-Suizid_180917.pdf (zuletzt abgerufen: 11.7.2023).

Problemen und Belastungen tatsächlich sinnlos ist und sie mit ihren schlimmen Erfahrungen besser tot wäre? Auf keinen Fall vermittelt er ihr, dass das Leben es wert ist, darum zu kämpfen.

Immer wieder ist die Rede von Menschen, die einen sogenannten „Bilanzsuizid" begehen wollen. Davon spricht man, wenn ein Mensch sein Leben Revue passieren lässt und zu der Erkenntnis kommt: „Nun habe ich alles erreicht. Nun will ich gehen." Ich denke: Wenn wir einem völlig gesunden Menschen die Mitwirkung am „Bilanzsuizid" verweigern, bleiben wir ihm *nichts* schuldig. Denn wer so wach plant und entscheidet, ist in der Lage, sich den Suizid selbst zu organisieren. Es ist zudem in der Fachwelt umstritten,[171] ob der Bilanzsuizid nicht in Wirklichkeit aus einer unerkannten, quasi „getarnten" Form der Depression heraus erwogen wird, etwa auf der Schwelle zum Ruhestand. Das heißt: In Wahrheit sieht dieser sterbewillige Mensch keine Zukunft mehr für das eigene Leben und kann sich überhaupt nicht mehr vorstellen, dass es erfüllt weitergehen kann. Das sind doch deutliche Kennzeichen einer Depression. Die angemessene Reaktion ist hier also nicht, den Suizid mit vorzubereiten, sondern diesem Menschen den Weg zu einer fachärztlichen Beratung zu bahnen.

Bitter bleibt es aber, von einem schwerstkranken Menschen um Beihilfe zum Sterben gebeten zu werden und dies nach innerem Abwägen abzulehnen. Dann verweigere ich ihm die Möglichkeit, nicht weiter zu leiden. Das ist eine belastende Entscheidung, und ich werde mit einem „Nein" schuldig an einem

---

171 Reinhold Lindner, digitaler Vortrag am 10. September 2021 beim Fachtag Suizidprävention der Diakonie Deutschland, https://youtu.be/ RgDjuhr635Y (zuletzt abgerufen: 11.7..2023).

schwer leidenden Menschen. Zugleich weiß ich, dass ich den Schutz anderer Menschen mitdenken muss. Ich würde folglich dem einzelnen Sterbewilligen etwas schuldig bleiben, um nicht wiederum an anderen Menschen schuldig zu werden. Für mich ist damit aber die Verpflichtung verbunden, den leidenden Menschen nicht alleine zurückzulassen. Im privaten Umfeld heißt das: da bleiben, sich Zeit nehmen, anderes zurückstellen, die engsten Angehörigen unterstützen. In unseren Einrichtungen bedeutet das: Wir verstärken die Seelsorge für Sterbende und ihre Angehörigen, wir schulen weiterhin unsere Mitarbeitenden im Umgang mit Leid und Schmerzlinderung und wir arbeiten eng und verlässlich mit Hospizvereinen zusammen.

Es ist aus meiner Sicht jetzt, wo in Deutschland wohl mehr und mehr assistierte Suizide geschehen werden, gerade die Aufgabe von christlichen Seniorenheimen, Krankenhäusern und Hospizen, Gegenmodelle zum assistierten Suizid stark zu machen und fürsorgende und aushaltende Begleitung so weit wie möglich zu garantieren. Damit die Menschen, denen wir aus guten Gründen keine Suizidassistenz anbieten können, dennoch nicht alleine sind, keine unnötigen Schmerzen haben und sich nicht von Gott und den Menschen verlassen fühlen müssen.

23 In Würde sterben

„Dying with dignity", „mit Würde sterben", so wird etwa in Kanada der assistierte Suizid genannt. Auch in der deutschen Debatte wird sehr oft das Wort „Würde" verwandt und gedanklich mit dieser Todesart verknüpft. Das kann den Eindruck vermitteln, als ob ein würdevolles Sterben nur dann möglich wäre, wenn es durch Suizidbeihilfe geschieht. Ich denke, wir müssen sehr aufpassen, dass der kostbare Begriff „Würde" nicht mit einer bestimmten Form des Sterbens verknüpft und damit enggeführt wird. Das könnte ja im Umkehrschluss bedeuten, dass alle, die nicht zum selbstgewählten Zeitpunkt sterben, sondern den Tod auf sich zukommen lassen, würdelos dahinscheiden. Deshalb dürfen wir die Gleichsetzung „Sterben in Würde = assistierter Suizid" nicht zulassen. „Ich will in Würde sterben" drückt die Sehnsucht aus nach einem schmerzfreien Tod, nach dem richtigen Zeitpunkt und nach einem versöhnten Abschied. Verbunden damit ist der Wunsch, bewusst zu sterben und nicht verwirrt aus dieser Welt zu gehen. Der assistierte Suizid erfüllt viele dieser Wünsche, das ist richtig. Aber auch alle, die anders sterben, sterben würdevoll.

Ich habe viele Menschen würdevoll sterben sehen ganz ohne Suizidassistenz. Was gehört dazu? Zunächst einmal: Dass Menschen da sind, die begleiten. Aus der Familie beispielsweise. Vom ehemaligen Bundesarbeitsminister Norbert Blüm wird erzählt: Als seine Mutter im Sterben lag, wollte sie, dass ihr Norbert kommt. Sie wartete mit dem Sterben so lange, bis er an ihrem Bett stand. Erst dann konnte sie gehen.

Es müssen aber nicht zwingend die Angehörigen sein, die das Sterben begleiten. Pflegekräfte oder Ehrenamtliche können dies genauso tun, allesamt Menschen, die liebevoll, verlässlich und aufmerksam sind. Sie lindern Schmerzen, sie halten Hände, sie halten aus. Das ist nach außen hin nicht spektakulär, aber unendlich wichtig. Ruhig da zu sein, Wärme zu schenken durch das Berühren der Haut, laut oder leise zu beten, zu singen, zu summen, zu segnen – all dies spüren die Sterbenden, und all dies lindert ihnen die Sorge vor dem Übergang in die andere Welt.[172]

Würdevoll sterben heißt aber nicht immer: in Gesellschaft sterben. Ich habe es mehrfach erlebt, dass Sterbende so lange warteten, bis sie allein im Zimmer waren. Eine Ehefrau verließ nur kurz das Zimmer, um ein Glas Wasser zu holen, und als sie zurückkam, war der Mann gestorben. Ein Sohn ging nur kurz mit dem Hund, und als er zurückkam, war die Mutter heimgegangen. Es gibt Sterbende, die im entscheidenden Moment allein sein wollen. Auch das ist würdevoll!

An einem Sterbebett zu sitzen und zu wachen, muss keine unerträgliche Last und nicht schrecklich sein. Viele Angehörige erleben es als sehr erfüllend, wenn sie den Menschen, den sie

---

172 Wie geistliche Begleitung am Lebensende gestaltet werden kann, dazu arbeitet das Projekt „SpECi". Hier haben sich Engagierte aus Medizin, Pflege, Therapie, Sozialarbeit und Theologie zusammengefunden. Ein Newsletter informiert über Aktuelles. https://speci-deutschland.de (zuletzt abgerufen: 11.7.2023).

lieben, über die Schwelle des Todes begleiten können. Ähnlich wie es kostbar ist, in einem Haus zu sein, in dem soeben ein Kind geboren wurde, so kann es bereichernd sein, einen Menschen aus diesem Leben hinaus zu begleiten und mit ihm zu warten, bis der Augenblick gekommen ist. Ihn nicht herbei zu zwingen, sondern herbei zu warten.

Für Christenmenschen können Bibelworte und Lieder dabei wichtige Wegbegleiter sein. In unseren Seniorenheimen haben wir eine kleine Ordnung zusammengestellt mit Gebeten und Segenswünschen, die am Sterbebett gelesen werden können.[173] Und wenden Sie sich in solchen entscheidenden Momenten ruhig an Ihr Pfarramt! „Ich rufe den Pfarrer", scheint manchen wie ein Todesurteil zu klingen. Aber Menschen sterben nicht, weil die Pfarrerin kommt, sondern die Pfarrerin kommt, weil sie schon im Sterbeprozess sind. Die Besuche von Pfarrerinnen und Pfarrern können sehr dabei helfen, Abschied zu nehmen und loszulassen. Ich habe es mehrfach erlebt, dass ich zu einem Sterbenden gerufen wurde, am Bett das Vaterunser und den Segen sprach – und kaum, dass ich wieder zu Hause war, der Anruf kam: „Er ist gestorben!" Gebete und geistliche Lieder können die Tür in die andere Welt tröstlich aufstoßen.

Zum würdevollen Sterben gehört, wie mit dem toten Menschen umgegangen wird. Wenn ein Mensch eines natürlichen Todes gestorben ist und eine Ärztin das bestätigt hat, kann der Tote bis zu 36 Stunden im eigenen Haus bleiben, bevor das Bestat-

---

173 In den Evangelischen Gesangbüchern finden sich in der Regel Anregungen dazu.

tungsunternehmen die Leiche holen muss.[174] Das wissen die wenigsten, und die wenigsten wissen, wie wohl das tut: Den geliebten Menschen noch eine Weile zu Hause zu haben, am Totenbett zu sitzen, eine Aussegnungsfeier zu halten. Das sind bewegende Momente, die fest in Erinnerung bleiben und im Trauerprozess helfen.[175]

Die meisten Pflegeheime bieten den Angehörigen ihrer Verstorbenen solche Abschiede in besonderen Räumen an. Ich werde nie vergessen, wie mein Mann und ich viele Stunden in der Kapelle am Bett meiner verstorbenen Schwiegermutter sitzen durften. Sie hatte ein hartes Leben hinter sich. Sie war schwer an Demenz erkrankt. Sie war nun in Würde gestorben und wurde würdevoll verabschiedet. Für die Selbstverständlichkeit, mit der sie in der Kapelle aufgebahrt wurde, sind wir dem Pflegeheim bis heute sehr dankbar.[176]

Würdevolles Sterben braucht aber eine gewisse Vorbereitung! In Pflegeheimen sind die Gespräche über das Leben und das Sterben vorgeschrieben und selbstverständlich.[177] Solche Gespräche können auch in Familien geführt werden, obwohl sie dort oftmals viel schwerer fallen. Dann kann der ambulante

---

174 Die genaue Stundenzahl ist von Bundesland zu Bundesland verschieden. Die Bestattungsunternehmen informieren Sie gerne, was an Ihrem Wohnort gilt.

175 Bei einem assistierten Suizid sind sie in der Regel nicht möglich, s. Kapitel 8.

176 Wie mit den Toten umgegangen wird, ist ein wichtiges Qualitätskennzeichen von Pflegeheimen. Sprechen Sie die Leitung ruhig darauf an und lassen Sie sich beschreiben, was geschieht, nachdem jemand verstorben ist.

177 Kapitel 15.

Pflegedienst ein geeigneter Ansprechpartner sein, um die letzten Schritte gemeinsam vorzubereiten.[178]

Leider habe ich es oft erlebt, dass nichts vorbereitet war und die Familie nicht einmal über die alltäglichen Dinge Bescheid wusste, selbst wenn sich ein Sterben schon lange durch eine langwierige Erkrankung abgezeichnet hatte. Das hat die Angehörigen bei allem Erschrecken über den Tod zudem noch in Hektik und tiefe Verunsicherung gestürzt: Machen wir alles so, wie es für die Verstorbene stimmig ist? Übersehen wir etwas? Oder, ganz schlicht: Wo finden wir Schlüssel, Kontonummer, Versicherungsunterlagen, Testament oder eine Übersicht über das digitale Erbe[179]? Wer solche Dinge regelt, nimmt den Angehörigen viel Last ab und gibt ihnen Sicherheit und Stabilität.

Fragt man Sterbenskranke, die den Tod unmittelbar vor Augen haben, was ihnen so kurz vor dem Sterben noch wichtig ist, sagen sie häufig: „Dass ich mich noch mit denen versöhnen kann, zu denen mein Verhältnis belastet ist, bei denen ich noch etwas wiedergutmachen will." Das gehört auch zur Vorbereitung auf das Sterben: Versöhnung zu ermöglichen. Denn wenn der Tod erstmal eingetroffen ist, kann nichts mehr geklärt oder ausdrücklich vergeben werden. Deshalb sind Besuche, Telefonate, Briefe so wichtig. Und wenn nicht mehr gesprochen

---

178 Es gibt auch in der Literatur viele gute Beispiele, wie die Familie Schwerkranke und Sterbende gut begleiten kann. Etwa in dem Buch „Sieben Heringe. Meine Mutter, das Schweigen der Kriegskinder und das Sprechen vor dem Sterben" von Jürgen Wiebicke (3. Auflage, Köln 2021, insbesondere ab S. 198), der sehr eindrücklich berichtet, wie er für seinen schwerkranken Vater und seine sterbende Mutter da war.

179 Etwa: Wer hat Zugriff auf die Accounts im Internet, bei Banken, in Social Media etc.?

werden kann: stumme Gesten wie ein Händedruck oder das Ausharren am Bett. Für mich hat die Heimlichkeit, mit der mancher assistierte Suizid vor Familienangehörigen verborgen werden soll, deshalb wenig mit „würdig" zu tun.

Versöhnung suchen, die letzten Dinge regeln, sich über den Sterbeprozess informieren, ambulante Hospizdienste ansprechen, pflegerische und medizinische Hilfe in Anspruch nehmen, geistlichen Beistand suchen: All dies kann das würdevolle Sterben unterstützen. Die Menschen, die dabei helfen, leisten dann Sterbehilfe im besten Sinne. Sie unterstützen nicht beim Suizid, aber beim natürlichen würdevollen Sterben.

Was aber ist mit dem richtigen Zeitpunkt? Wer sich für den assistierten Suizid entscheidet, kann zwar den Zeitpunkt des Sterbens selbst wählen. Doch hier bleibt eine Unsicherheit: Ist es wirklich der passende Zeitpunkt? Denn vielleicht wäre am Folgetag noch ein netter Besuch gekommen? Oder es wäre übernächste Woche doch eine Versöhnung mit dem Neffen möglich gewesen? Wer weiß?!

Wer den Todeszeitpunkt auf sich zukommen lässt, gibt die Kontrolle darüber aus der Hand, ganz bewusst. So wie der Augenblick des ersten Atemzugs nicht selbstbestimmt war, so ist es dann auch der Moment des letzten Atmens. Ich verstehe dies als einen besonderen Akt der Selbstbestimmung und als einen Ausdruck meiner Würde: Ich lasse mich los. Wann mein Leben endet, überlasse ich der Macht, die es mir geschenkt hat, die es verwandeln wird und die mir Menschen gesandt hat, die mich nicht allein lassen.

24 Assistierte Heilung – ein geistliches Nachwort

Von Stefan Claaß

Am See Genezareth liegt die Stadt Kapernaum. Dort lebte ein Mann, der war seit vielen Jahren gelähmt. Er konnte nicht gehen und auch nicht stehen. Er konnte nicht einmal seine Hände und Füße bewegen. So musste er immer auf einer Matte liegen. Und wenn er Hunger hatte, fütterten ihn seine Freunde wie ein kleines Kind.

Eines Tages aber kamen seine Freunde und erzählten aufgeregt: „Hast du schon gehört? Jesus ist in der Stadt. Er kann dir gewiss helfen." Und bevor der Kranke noch antworten konnte, packten sie seine Matte und schleppten ihn aus dem Haus.

Sie trugen ihn durch viele Straßen und Gassen, bis sie zu dem Haus kamen, in dem Jesus war.

Aber wie sollten sie zu Jesus hineinkommen? Das Haus war überfüllt. Sogar draußen standen noch Leute und drängten hinein. „Macht Platz!", riefen die Freunde. „Wir wollen zu Jesus." Aber niemand hörte auf sie.

Da schauten sich die Freunde um, und entdeckten eine Treppe außen am Haus. Sie führte auf das flache Dach. Dorthin trugen sie ihren gelähmten Freund. Sie deckten das Dach ab, machten ein Loch und schauten von oben ins Haus. Da sahen sie Jesus. Er stand genau unter ihnen und sprach zu den Leuten, die sich um ihn drängten. Vorsichtig machten die Freunde das Loch größer, knüpften die Matte an Seile und ließen sie langsam mit dem Gelähmten hinab, bis er vor Jesus lag.

Da schaute Jesus auf. Als er die Freunde sah, die voller Erwartung auf ihn blickten, wandte er sich zu dem Kranken und sprach: „Mein Sohn! Deine Sünden sind dir vergeben."

Auf einmal wurde es ganz still in dem Haus. Alle starrten auf Jesus. Was hatte Jesus gesagt? Deine Sünden sind dir vergeben? Was sollte das heißen? Einige Gelehrte waren dabei, die murmelten empört: „Unerhört! Was erlaubt sich dieser Jesus? Nur Gott kann Sünden vergeben. Bildet sich Jesus etwa ein, er sei Gott?"

Jesus aber wusste, was die Gelehrten dachten. „Was meint ihr?", fragte er sie. „Was ist leichter: die Sünden vergeben oder die Krankheit heilen? Aber ihr sollt wissen, dass Gott mir die Macht gab, beides zu tun." Danach wandte er sich zu dem Kranken und sprach: „Steh auf! Nimm deine Matte und geh!"

Da konnte der Mann auf einmal wieder seine Beine und seine Hände bewegen. Sogleich stand er auf, nahm seine Matte, bahnte sich einen Weg durch die Menschen und ging fröhlich nach Hause.

Die Leute aber sahen fassungslos zu, wie er davonging. „Noch nie haben wir so etwas gesehen", staunten alle. Und einer nach dem anderen fing an, Gott laut zu loben, bis das ganze Haus von ihren Lobliedern erfüllt war.[180]

---

180 Markusevangelium, 2. Kapitel, Verse 1-12. Aus: Irmgard Weth, Die Bibel einfach lesen, 2. Auflage, Neukirchen-Vluyn 2022, S. 169-171.

Wenn diese Szene erzählt oder gepredigt wird: Auf wen richten sich die Blicke? Natürlich auf den Gelähmten. Und dann auf Jesus. Am Ende geht der Gelähmte hinaus.

Aber wie kommt es überhaupt zu dieser Begegnung? Rückblende. Einige Stunden vorher. „Wenn nicht wir, wer sonst?" höre ich einen der Freunde sagen. „Wir haben ihn besucht, ihm gut zugeredet, ihn getröstet. Wir haben ihm zu essen und zu trinken gebracht. Dafür sind Freunde da. Aber irgendwann ist der Punkt erreicht, wo das Gewohnte nicht mehr reicht. Weil der Freund nicht mehr will, keine Kraft hat, seine Lage auszuhalten. Irgendwann ist die Zeit gekommen, wo wir als Freunde am Ende unserer Weisheit sind. Jetzt."

So höre ich die Freunde denken. „Was wir tun konnten, haben wir getan. Zurückziehen kommt nicht in Frage. Einfach so weitermachen, das überfordert uns."

Fünf Freunde, und einer ist gelähmt. Er braucht sie. Allein ist er verloren: nicht nur körperlich gebunden, sondern auch seelisch. Er sagt nicht viel. Er klagt nicht. Er verlangt nichts. Oder vielleicht doch? Vielleicht würde er dieses Leben gern hinter sich lassen. Es gibt keine andere Perspektive als das Aushalten. Und das dauert jetzt lange genug.

„Es wurde bekannt", schreibt der Evangelist Markus, „dass Jesus im Hause war." In Kapernaum. Ich höre förmlich, wie die Stadt brummt von Erzählungen und Gerüchten. In der Synagoge waren einige gewesen, und andere hatten Jesus und den Besessenen erlebt. Im Haus des Simon war dessen Schwiegermutter gesundgeworden. Und im Dunkel, nach Sonnenuntergang, waren Kranke und Besessene gebracht worden. Was passiert, wenn sich solche Begebenheiten herumsprechen und wie in einem Netz ausbreiten? Wie verhalten sich Hoffnung und Befürchtung zueinander? Kann ich hoffen, dass ich da etwas für uns und unseren Freund finde, was uns hilft? Muss ich befürchten, dass dies alles nur übertriebene Fake-News einer Menge sind, die gern Sensationelles teilt? „Es käme auf einen Versuch an", höre ich einen der Freunde denken. „Was haben wir zu verlieren? Nichts!"

Warum erzählt Markus nichts davon, was die Freunde unterwegs beschäftigt? Als sie den Gelähmten holen und gemeinsam tragen, erinnern sie sich vielleicht daran, dass er sich das schon einmal gewünscht hat: „Ich wollte, ihr würdet mich einfach auf die Klippe tragen und ganz an die Kante stellen. Es brauchte nur einen kleinen Schubs, und alles wäre vorüber. Wäre das so schlimm? Kann ich das von euch verlangen? Ihr tut doch nichts Schlimmes. Ihr erfüllt mir einen letzten Wunsch."

Ganz abwegig ist das nicht. Wenn die Freunde versuchen, sich in seine Lage zu versetzten, können sie das sogar nachvollziehen. Manchmal ist das Nichts verlockender als das Jetzt. Die Möglichkeit bleibt ihnen immer noch.

Aber vorher zieht sie etwas nach Kapernaum. Schweigen sie auf dem Weg, um keine falschen Hoffnungen zu wecken? Reden sie ihrem Freund gut zu? Oder hören sie ihm zu? All das ist denkbar. Und das ist gut so. Vielleicht wollte der Evangelist Markus uns anregen, uns das selbst vorzustellen. Keine Variante sei ausgeschlossen. Es gibt schweigende Freunde. Und es gibt redsame Freunde. Es gibt hörende Freunde und verzagte Freunde. Entscheidend ist, dass sie da sind und anpacken. Sie beten mit Händen und Füßen, indem sie ihren Freund nach Kapernaum tragen. Sie erschließen für sich und ihn einen neuen Horizont. Das klingt hoffnungsvoller als der traditionelle Satz: „Wir schließen dich ein in unsere Fürbitte."

Die Freunde riskieren sich. Sie riskieren auch, dass ihr Freund enttäuscht wird. Es gibt keine Garantie. Viele, schreibt Markus, sind abends in Kapernaum geheilt worden. Nicht: „alle". Die Freunde tun ihm nicht den Gefallen auf der Klippe. Sie assistieren stattdessen der Hoffnung, dass sich Neues auftut.

Auftun. Sie merken schnell, dass es genau darum geht. Die Lage ist unübersichtlich. Sie sehen eine große Menge von Menschen. Das heißt, sie sehen deren Rücken. Da tut sich nichts auf. Kein Beiseiterücken für einen leidgeprüften Menschen. Niemand lässt ihnen Vortritt. Sie müssen selbst etwas auftun. Und erweisen sich als wahre Assistenten auf dem Weg. Hinauf aufs Dach. Sie nehmen keine Rücksicht auf Konvention, Besitz und gebührliches Verhalten. Wie mag der Hausbesitzer reagiert haben, als die Vier das Dach aufgedeckt und aufgegraben haben? Ich nehme mir Zeit, die Bilder des Markus in mir wirken zu lassen. Kino im Kopf.

Diese Assistenten tun alles, was in ihrer Macht steht, um eine Alternative zur Klippe zu finden. Behutsam lassen sie den Freund in die Tiefe. Sie lassen ihn nicht fallen, sie stürzen ihn nicht hinab. Sie lassen das Bett hinunter. Bei Markus stimmt jedes Wort, jedes Bild in der Szene. Was für eine Haltung dieser Assistenten! Sie stehen gebeugt, sie brauchen alle ihre Kraft, um behutsam sein zu können. Acht starke Hände können zu so viel Zärtlichkeit fähig sein.

Wer sind eigentlich diese? „Einige", schreibt Markus. Im Kopfkino wechseln Bilder von Männern und Frauen. Zwei befreundete Paare? Wem fällt der Vorschlag leichter, das Dach aufzugraben, einer Frau oder einem Mann? Egal, sie tun es.

Wie verhält sich der Gelähmte? Ist er Objekt, das von den Freunden getragen und geparkt wird? Oder ist er Subjekt, äußert sich, gibt Anweisungen zum Hinablassen ins Haus? Die Geschichte, so denke ich, gilt beiden Typen, egal ob passiv erduldend oder selbstbestimmt. Die Bilder im Kopf wechseln. Der Gelähmte ist nicht nur „der Arme", sondern manchmal auch der, der die anderen zu dieser Tour angestiftet hat. Markus lässt das offen, damit wir nicht bestimmte Typen eintragen, sondern die Geschichte offen halten für alle, die sie brauchen und sich anziehen mögen.

Kino im Kopf, die Kamera fährt hinunter ins Haus. Die Assistenten verschwinden nicht einfach aus dem Bild wie in manchen Bilderbüchern und Predigten. „Als Jesus ihren Glauben sah..." berichtet Markus. Ihren Glauben? Wessen Glauben? Nur den der vier Freundinnen oder Freunde auf dem Dach? Oder meint er auch den Glauben des Menschen auf der Trage? Beides ist möglich.

Und dann kommt etwas ganz anderes in den Blick. Nicht die Lage des Gelähmten, sondern seine Beziehung zu Gott, zur Quelle, zum „Liebhaber des Lebens" (Weisheit Salomo 12,1). Jesus spricht ihn frei, öffnet einen neuen Horizont. Ihn interessiert die Zukunft, nicht die Vergangenheit.

Ich gestehe, ich bin anders geprägt. Das liegt auch an den deutschen Wörtern. Vergeben: Ja was denn? Das will ich wissen. Was hat er falsch gemacht, verbrochen? Ist er schuld an seiner Lähmung? Müsste er nicht erst um Vergebung bitten, beichten?

Nein. Ich habe diese Geschichte schon oft gelesen und darüber gepredigt. Dieses Mal hat sich mir eine Pointe neu erschlossen: Da verstehen sich Menschen, weil sie vertrauen. Die Freunde mit dem Gelähmten – oder auch für ihn – vertrauen darauf, dass hier Heilsames möglich ist. Ob sie mit gläubigem Herzen oder aus Verzweiflung vertrauen, wird nicht gesagt. Sie trauen sich etwas, sie setzen darauf. Und treffen auf Jesus, der wie niemand sonst in all seiner Haltung, seinem Verhalten, seinem Reden und Leiden tiefes Vertrauen verkörpert. Er ist von Vertrauen beseelt.

In diesem Moment entsteht eine Verbindung, die alles ändert. Leib und Seele und Gottesbeziehung werden eins in der Anrede Jesu: „Mein Kind". Diese Anrede findet sich im gesamten Markusevangelium nur ein einziges Mal: Hier. Später einmal werden die Jünger – in der Mehrzahl – so angesprochen: „Liebe Kinder" (Markus 10,24). Es ist die Anrede vertrauensvoller Kindschaft. Jesus lebt dieses Vertrauen gegenüber Gott. Und jetzt nimmt er den Gelähmten in dieses Verhältnis mit hinein. In unserer Sprache klingt „Mein Kind" vielleicht in manchen Ohren ein bisschen herablassend oder gar überheblich. Was für ein Missverständnis! Der Apostel Paulus beschreibt dieses Kind-Verhältnis in Römer 8 mit Hilfe des römischen Adoptionsrechts als neue Beziehung des Vertrauens, das nicht nur Gehorsam kennt wie die Sklaven, sondern offenen Blickkontakt und Vertrauen.

Jesus spricht dem Gelähmten Vergebung zu. Ein hebräisches Wort für „Vergebung" gibt es eigentlich nicht, sinngemäß wird ein Wort verwendet, das ursprünglich „tragen" bedeutet. Also sagt Jesus: Deine Freunde haben dich getragen, so weit wie sie konnten. Deinen Assistentinnen und Assistenten sei Dank. Sie haben die Klippe unterwegs gemeistert und sind mit dir zu mir gekommen. Ich sage dir zu, dass Gott dich trägt, wo menschliches Tun ans Ende kommt. Und dann sagt er zu dem nicht mehr gelähmten Menschen: „Geh heim!" Und der ging hinaus vor aller Augen. Nach Hause.

Prof. Stefan Claaß,
Professor für Predigtlehre und Gottesdienst
und von 2006 bis 2015 Sprecher beim Wort
zum Sonntag